u »Ich bin Linus« im Unterricht

INHALTSANGABE

u.1

Am 4. Oktober 2017 beginnt für Linus ein neuer Lebensabschnitt. Es ist der Tag, an dem er sich der Außenwelt als trans Mann offenbart. Aber was ist überhaupt passiert? In seinem Fall fragt ihn ein Barista bei Starbucks nach seinem Namen und es ist das erste Mal, dass Linus ohne Nachfragen sein darf, wer er wirklich ist. Er muss sich keinen zweifelnden Reaktionen aussetzen.

Im Laufe des Buchs geht Linus weiter Wege der Selbstfindung und Selbststärkung und dabei steht immer wieder die Frage im Raum: »Wer bin ich eigentlich?« Die Leser*innen begleiten Linus auf diesem Weg zur eigenen Identität: Die Sorge vor dem Coming-out, die Etappen seiner Transition, das stete Ankämpfen gegen das »Privileg des Normalen«, die Wichtigkeit von Sichtbarkeit sowie der Umgang mit Transfeindlichkeit im täglichen Leben.

Auf sehr nahbare Weise erfahren die Leser*innen außerdem von seiner zweiten Pubertät, seiner Euphorie beim Kauf von Herrenhemden, aber auch zahlreichen unangenehmen Erfahrungen bei Ärzt*innen und immer wieder davon, wie er kunstvoll soziale und bürokratische Hürden überwindet.

Man erlebt Linus Gieses Achterbahnfahrt mit, bestehend aus Erfahrungen von Selbstzweifeln und Cybermobbing, aber auch von Unterstützung durch Freund*innen. Während Linus in den 90er-Jahren keinen Zugang zu wichtigen Informationen über trans Menschen hatte, soll dieses Buch dabei helfen, trans Menschen sichtbar zu machen, und den Leser*innen dabei die Möglichkeit eröffnen, einer authentischen trans Stimme Gehör zu schenken und Raum zu geben.

In 32 Kapiteln teilt Linus Episoden aus seinem Leben und gewährt den Leser*innen einen Einblick in seine Welt. Die Themen sind geprägt von einer Vielzahl an Gegensätzlichkeiten: Mut und Angst, Trauma und Bewältigung und letztlich viel Zweifel, der aber stets in der Hoffnung endet, diesen Weg gehen zu können.

Gerade junge Leser*innen holt dieses Buch ab, da Linus wichtige Fragen in den Raum stellt, die sich auch vor allem Jugendliche stellen: Wer möchte ich sein? Wie komme ich dahin? Welche Werte möchte ich verteidigen? Wie kann es gelingen, eine offene Gesellschaft für alle zu schaffen?

Während einige Teile der Autobiografie von schmerzhaften Erfahrungen wie Anfeindungen und Drohungen auf verschiedenen Social-Media-Kanälen sprechen, werden die Leser*innen insgesamt mit einem hoffnungsvollen Blick zurückgelassen. Es gelingt Linus Giese, die Leser*innen an seiner Gefühlswelt teilhaben zu lassen, wodurch seine Autobiografie nahbar ist und große Gefühle auslösen kann.

Dieses Buch ist sehr zugänglich gestaltet und bleibt – trotz der Schwierigkeiten, die Linus in unserer Gesellschaft immer wieder begegnen – stets respektvoll und ist an keiner Stelle ungehalten formuliert. Und dennoch ist immer klar erkennbar, dass wir eine gesellschaftliche Veränderung brauchen, die trans Menschen ein erfülltes und vor allen Dingen ein möglichst sorgloses Leben beschert.

»Ich bin Linus« ist insbesondere auch für Lehrkräfte geeignet, die ihr Wissen über trans Menschen erweitern und kompetenter in der Betreuung von Jugendlichen auf dem LSBTIQA+-Spektrum handeln wollen. Das Buch bietet nicht nur Einblicke in transbezogene Themen, sondern auch in die persönliche Entwicklung und die Reise eines Menschen zur Selbstakzeptanz. Daher ist es für all diejenigen lesenswert, die sich für persönliche Geschichten und Lebenserfahrungen interessieren.

DIDAKTISCHES PROFIL DES ROMANS

Wie jeder andere Unterricht auch muss die Behandlung eines Jugendbuchs einerseits an die Lernvoraussetzungen der Schüler*innen anknüpfen und damit assimilative Aspekte bieten, andererseits auch zusätzliche Anforderungen an das Verstehen stellen. Das didaktische Potenzial des Buchs als Unterrichtslektüre liegt damit in der Verknüpfung von vertrauten, assimilativen und eher neuen, akkommodativen Aspekten. Vertraute Charakteristika des Textes sorgen dafür, dass die Schüler*innen von sich aus Zugang zum Text finden können und dass Anknüpfungsmöglichkeiten für eine eigene Textdeutung vorhanden sind (Assimilation). Dieser Aspekt betrifft das lesefördernde Potenzial. Neue, zusätzliche Anforderungen, die der Text an ein Verstehen der Schüler*innen stellt, betreffen eher den Bereich der queeren Bildungsarbeit. Im Überblick lässt sich das didaktische Profil von »Ich bin Linus« folgendermaßen darstellen:

Dimension des Textes	Das Vertraute: Möglichkeit zur Assimilation (Leseförderung)	Das Neue: Notwendigkeit zur Akkommodation (literarisches Lernen)
Wirklichkeitsbezug	▶ Ein Mensch mit Unsicherheiten, der seinen Weg finden muss	▶ Reale Lebenswelten eines trans Mannes / von queeren Menschen in der Gesellschaft
Thematik	▶ Coming-out ▶ Sichtbarkeit queerer Lebensformen ▶ Diskriminierung	▶ Transidentität ▶ Transfeindlichkeit ▶ Heteronormativität als Privileg
Figuren	▶ Positive Identifikationsangebote für Jungen und Mädchen und v.a. trans/nicht-binäre Jugendliche ▶ Negative Identifikationsangebote durch Beispiele gesellschaftlicher Machtstrukturen und Gefahren der sozialen Medien	▶ Linus als Mensch, der beide Seiten des binären Systems kennt (»Frau«/«Mann«) ▶ Menschen in Machtpositionen (medizinischer Sektor, Bürokratie etc.)
Sprache/Stil	▶ Spannungsbögen	▶ Fremdwörter ▶ Intertextuelle Bezüge ▶ Paratext
Literarische Formelemente/ Erzählkonzept	▶ Figurenkonstellationen ▶ Protagonist/Ich-Perspektive	▶ Autobiografisches Schreiben ▶ Transperspektive

Die Autobiografie bietet Bildungs- und Lernangebote zu Themen sexueller und geschlechtlicher Vielfalt.

Angesichts der Tatsache, dass trans identifizierte Menschen in unserer Gesellschaft oft im Verborgenen bleiben, ist eine Besprechung von »Ich bin Linus« im Unterricht empfehlenswert. Sie kann dazu beitragen, die Sensibilität für die LSBTIQA+-Thematik zu schärfen und somit Vorurteile abzubauen. Denn der Protagonist der Geschichte, Linus Giese, offeriert als selbstbestimmt agierendes Subjekt eine Vielzahl an Anknüpfungspunkten, eine geschlechtergerechte Didaktik im Unterricht zu konkretisieren (z.B. in Deutsch und Ethik). Schwerpunkte dieses Heftes werden dabei die Herausforderungen im Leben von trans Menschen (**k.2**–**k.6**), die Macht der Sprache (**k.7**), die Wichtigkeit von Vorbildern für Kinder und Jugendliche auf dem LSBTQIA+-Spektrum (**k.8**) sowie der Blick der Gesellschaft auf queeres Leben (**k.9**–**k.10**) sein.

Die Arbeit mit der Autobiografie sollte aber keineswegs als ein lernzielorientierter didaktischer »Vollzugsplan« gesehen werden, sondern als Orientierungsrahmen für eine geschlechtergerechte Bildungspraxis, in der den Schüler*innen Gender-

Kompetenzen nahegebracht werden und ausreichend Raum für Selbstreflexivität ist: Mit dem Fokus auf das Leben von Linus Giese kann man im Text lebensnahe Beispiele auswählen, mithilfe derer man die Ohnmachtsgefühle bei trans Menschen durch Fremdbestimmung sowie die Glücksgefühle durch Selbstermächtigung verstehen lernt. Ferner kann eine inklusive, gendersensible Arbeit mit dem Buch dazu beizutragen, trans Personen zu entpathologisieren und ihnen tolerant entgegenzutreten.

Indem sich die Schüler*innen mit möglichen Schwierigkeiten von trans Menschen auseinandersetzen, lernen sie die Spannung zwischen gesellschaftlichen Normen und Konstruktionen und – fernab der Transthematik – die komplexe Wirklichkeit eines jeden Individuums kennen. Außerdem sollen sie die Gelegenheit erhalten, unterschiedliche Wahrnehmungen von Normalität zu diskutieren. Maximalziel könnte sein, dass die Schüler*innen Andersartigkeiten zumindest als Lebensnotwendigkeiten respektieren. – Besonders geeignet ist »Ich bin Linus« für die Klassenstufen 8 bis 10.

LITERARISCHES PROFIL DES ROMANS

Themen und Motive

Die Autobiografie begleitet den trans Mann Linus Giese auf einer Reise zur eigenen *Identität (Motiv des Coming-of-Age)*, wie schon der Untertitel formuliert: »Wie ich der Mann wurde, der ich schon immer war«. Dabei beschreibt der Autor diverse Hürden, denen trans Menschen auf dem Weg der Transition begegnen, seien es Fragen zum Comingout (S. 9–15), Fragen der Mode in einer binär konstruierten Welt (S. 47–49), (Mikro-)Aggressionen in der Dominanzgesellschaft (S. 72 f.) und Körperbilder (S. 90 f.). Dabei werden real erlebte Situationen genau wiedergegeben, beispielsweise unangenehme Ärzt*innenbesuche (S. 64), aber auch Momente der Solidarität (S. 146 f.).

Die Frage nach *gesellschaftlichen Normen* – so auch die klare Einteilung in zwei Geschlechter – taucht immer wieder auf und der Autor macht in diesem Kontext deutlich, wie belastend vorgegebene Strukturen bei der Selbstfindung als trans Mann sind: Was ist typisch Frau? Was ist typisch Mann? Was passiert, wenn ich mich nicht innerhalb dieser Strukturen wiederfinde?

Das Buch eröffnet auch Möglichkeiten, die *Macht der Sprache* deutlich zu machen (S. 168 f.) und mit ihr so zu arbeiten, dass verletzungsoffene Personen vor möglichen Diskriminierungen geschützt werden können. Dazu gehören zum Beispiel homofeindliche, transfeindliche, sexistische und rassistische Bemerkungen (S. 186–192).

Insgesamt stellt das Buch einen bedeutenden und äußerst persönlichen Einstieg in Themen dar, die in unserer Gesellschaft nur selten zur Sprache kommen. Die Leser*innen erfahren, wie es ist, offen als *trans Person in Deutschland* zu leben, inklusive der vielschichtigen Konsequenzen (z. B. Diskriminierungserfahrungen), die eine solche Offenheit mit sich bringen kann (S. 119 f.).

Die Autobiografie vermittelt insbesondere queeren Jugendlichen das Gefühl, dass es positive Identifikationsangebote für ein glückliches Leben gibt, und vor allem, dass es keine linearen Lebenswege gibt, bei denen alle Dinge sofort klar sein müssen.

Lehrpersonen soll es dabei unterstützen, sich bewusst zu machen, dass »Gender« eine soziale Strukturkategorie ist und auch in pädagogischen Kontexten als Ordnungsprinzip dient. Ziel sollte es also sein, das eigene pädagogische Handeln zu hinterfragen und sich klarzumachen, welchen Einfluss die eigene geschlechtsbezogene Sozialisation auf besagtes pädagogisches Handeln hat. Wichtig zu betonen sei an dieser Stelle, dass »vergeschlechtlichtes Handeln« nicht immer falsch oder immer richtig ist. Es kann im Umgang mit verschiedenen Jugendlichen unterschiedliche Auswirkungen haben. In einigen Fällen kann es eine wertvolle Ressource sein, in anderen Fällen spielt es keine Rolle, während es in wieder anderen Fällen zu negativen Konsequenzen führen kann. Es geht also darum, hier mit forschendem Blick, Neugier und Handlungslust dabei zu bleiben – und nicht darum, die perfekte Lösung zu finden.

Das Buch unterstützt dabei, Unterschiede in Form von strukturellen Ungleichheiten nicht nur zwischen Frauen/Mädchen und Männern/Jungen zu benennen, sondern auch innerhalb der Geschlechtergruppen, wenn zum Beispiel Migrationshintergrund, soziale Schicht oder sexuelle Orientierung als weitere Kategorien mitberücksichtigt werden. Diese innere Differenzierung ist ein wichtiger Bestandteil des Buchs, um Ausschlussmechanismen noch deutlicher identifizieren zu können (S. 72 f.).

Figuren

Der Protagonist der Autobiografie ist Linus, der sich mit Anfang dreißig bei Starbucks wie in einer Art schicksalshaftem Moment als trans outet (S. 9) und wenig später die Sorge äußert, dafür viel zu alt zu sein. Diese Sorge resultiert aus dem bekannten Narrativ, dass man nur trans sei, wenn man es bereits als Kind wusste (S. 14).

Linus' Leben verändert sich radikal: Er trennt sich von seiner Partnerin, muss sich eine neue Arbeitsstelle suchen (S. 16 f.) und zieht innerhalb weniger Monate mehrfach um (S. 17 f., 40 f.). In dieser schwierigen Zeit erhält er glücklicherweise viel Unterstützung (S. 16 f.).

Den Großteil seiner Erfahrungen als trans Mann macht Linus in Berlin (S. 40 f.). Hier werden verschiedene Aspekte seines Lebens näher beleuchtet: Die erste Spritze Testosteron (S. 59 f.), seine offizielle Namensänderung (S. 81 f.) sowie unangenehme Datingerfahrungen (S. 91 f.). Linus wechselt mehrfach den Arbeitsplatz als Buchhändler und muss sich immer wieder neu als trans Person outen (S. 112). In diesem Zusammenhang denkt er viel über den Begriff »Passing« und seine Implikationen nach (S. 113).

Abgesehen von der schwierigen Position von trans Menschen in der Arbeitswelt berichtet Linus ausführlich von seinen Erfahrungen digitaler Gewalt: Auf Twitter wird er mit konkreten Anfeindungen und Drohungen konfrontiert (S. 119 f.). Diese Drohungen schwappen auch in sein analoges Leben über und kreieren eine Angst und Erschöpfung, die ihm die letzte Kraft rauben (S. 133 f.).

In diesem Zusammenhang treten glücklicherweise seine neu gewonnenen Freund*innen in Erscheinung, die Linus ein Bett oder ihre Wohnung anbieten (S. 137 f.). Diese Hilfe verschafft Linus ein wenig Raum zum Durchatmen – wohingegen sich sein neuer Arbeitsplatz in diesem Punkt nicht solidarisch zeigt und Linus letztlich gekündigt wird (S. 149 ff.).

Trotz dieser ernüchternden und schwierigen Erfahrungen gibt Linus nicht auf und findet Unterstützung bei der queeren Künstlerin Minette (S. 159 f.) und einem transmaskulinen Vorbild namens Henri (S. 164). Je mehr Linus gelernt hat, um Hilfe bitten zu dürfen (S. 140), desto mehr gelingt es ihm auch, aus seinem »eggmode« (S. 165) herauszukommen.

Schließlich verbessert Linus kontinuierlich seine Selbstkenntnis und entdeckt Dinge an sich, die er gerne mag (S. 195). Das Buch endet damit, dass Linus das Gefühl hat, eine unsichtbare Grenze überschritten zu haben und nun ausschließlich als Mann gelesen zu werden (S. 210 f.).

Erzähltechnik

Trotz der Unterteilung des Buchs in thematische Abschnitte vermittelt es insgesamt den Eindruck eines *durchgehenden Gedankenflusses* oder eines vertrauten Gesprächs mit Freund*innen. Die Darstellung geschieht auf einer Ebene der Gleichheit und Linus spricht nie herablassend zu den Leser*innen. Dieser Schreibstil vermittelt ein angenehmes Leseerlebnis.

Wesentliche *Schauplätze* der Autobiografie sind Linus' diverse Arbeitsplätze sowie u. a. auch queere Örtlichkeiten in Berlin. Hinzu kommen Orte, an denen Linus Schutz findet, zum Beispiel Wohngemeinschaften oder Wohnungen von Freund*innen. Andere Orte sind Arztpraxen, Krankenhäuser und Behörden, wo sich Linus Untersuchungen oder Beurteilungen während seiner äußeren Transition aussetzen muss.

Geschildert wird der *Zeitraum* der beginnenden Transition vom 4. Oktober 2017 bis zum Herbst 2020. Das berichtete Geschehen nimmt 32 Kapitel ein (mit anschließendem Epilog, der während der Corona-Pandemie verfasst wurde), die mit Überschriften versehen sind. Den Kapiteln sind drei Zitate vorangestellt und eine Danksagung sowie Literaturempfehlungen nachgestellt.

Die Kapitel weisen *keine chronologische Struktur* auf, da sie sich auch auf Linus' Kindheit und Jugend beziehen, sodass zwischendurch Flashbacks und Erinnerungen das erzählte Geschehen durchbrechen.

Das Geschehen wird mit Blick auf die *Erzähltechnik* aus der Ich-Perspektive des Protagonisten Linus dargeboten. Linus berichtet von seinen Erlebnissen, analysiert und kommentiert sie auch.

Hinsichtlich des *Genres* handelt es sich um eine Autobiografie, in der Linus sein eigenes Leben vor und während seiner Transition als trans Mann beschreibt.

Sprache

Linus erzählt in *einfacher, aber emotionaler Sprache* von seinem Leben. Streckenweise humorvoll und berührend leistet er eine unentbehrliche Aufklärungsarbeit. Viele Kapitel enthalten aber ebenso Terminologien, die sich die Schüler*innen erst erarbeiten müssen (siehe auch **k.3**):

- Butch (S. 28)
- cis (S. 175)
- Coming-out (S. 12 f.)
- deadname (S. 170 ff.)
- Dritte Option (S. 83)
- Dysphorie (S. 50 ff.)
- eggmode (S. 165)
- Mikrodysphorie/-aggression (S. 72 ff.)
- Passing (S. 113, 182)
- Transition (S. 68, 177)

In *komprimierten, essayistischen Abschnitten* schildert Linus seine Entschlussfindung und die daraus resultierenden Folgen. Er behandelt Themen wie Medikation und chirurgische Eingriffe, Sprache und Erscheinungsbild sowie die Reaktionen seines Umfelds in gut verständlicher Sprache.

Für fortgeschrittene Schüler*innen liefert dieses Buch die Möglichkeit, in gewissen Themenbereichen weiter nachzuforschen. Dazu gehören die oben genannten Begriffe oder das Recherchieren der im Buch genannten *queeren Persönlichkeiten und Serien* mit queerer Repräsentation.

Persönlichkeiten:

- Margarete Stokowski (S. 146)
- Bell Hooks (S. 168)
- Audre Lourde (S. 188)
- Billy Porter (S. 204)
- Ellen DeGeneres (S. 205)
- Chella Man (S. 206)
- Cyrus Dunham (S. 208)

Serien:

- »Stadtgeschichten« (S. 162)
- »Pose« (S. 203)
- »Titans« (S. 207)

Spannungsbögen

Insgesamt baut das Buch die *Spannung* entlang eines großen Bogens auf, von der Ablehnung der eigenen Existenz über das Erkennen der eigenen Transidentität hin zur Selbstakzeptanz. Interesse erzeugen hier vor allem die zahlreichen inneren und äußeren Hürden, die Linus auf dem Weg der Selbstfindung überwindet.

Im Einzelnen entsteht die Spannung in dreifacher Hinsicht. Zunächst stehen die großen Unsicherheiten in Bezug auf seine Identität im Vordergrund, wodurch bei den Leser*innen *Rätselfragen* (*mystery*) aufgeworfen werden, wie zum Beispiel: Warum teilen wir Menschen so klar in Geschlechter ein? Warum reflektieren wir so selten diese traditionellen Geschlechterrollen? Inwiefern sind diese Geschlechterrollen schmerzhaft für trans Menschen?

Dann werden *Spannungssequenzen* (*suspense*) gesetzt, bei denen den Leser*innen die Gefahren von Stalking und digitaler Gewalt vor Augen geführt werden, etwa: Muss Linus um sein Leben fürchten?

Schließlich sorgen zahlreiche *Überraschungsmomente* (*surprise*) dafür, dass Leser*innen mit weiteren Fragen konfrontiert werden, beispielsweise: Wie fühlt es sich an, als trans Mensch in einer cis heteronormativen Welt leben zu müssen? Welchen Sorgen und Hürden muss man dabei überwinden lernen?

All diese Fragen werden auf nahbare Weise zu großen Teilen beantwortet, sodass ein weitestgehend *geschlossenes Ende* verbleibt.

Wie das Leben für Linus nach 2020 weitergehen wird, kann final natürlich nicht geklärt werden. In seinem Epilog, der während der Corona-Pandemie fertiggestellt wurde, wird jedoch deutlich, dass diese Zeit der Isolation auch viele Unsicherheiten ausgelöst hat. Linus spricht zum Beispiel den erschwerten Zugang zur Gesundheitsversorgung bei trans Menschen während der Pandemie an (S. 216 f.) und schließt seinen Epilog mit einem Wunsch für die Zukunft: dass unsere Welt von mehr Empathie und Verständnis füreinander geprägt ist.

Stilmittel

Das Buch enthält *keine klassischen Stilmittel*, die zusätzliche Bedeutungsschichten erschließen. Es zeichnet sich vielmehr durch seine *Authentizität und*

Schonungslosigkeit aus, was einen viel stärkeren Eindruck auf jugendliche Leser*innen machen dürfte.

Zahlreiche *Verweise* auf Journalistinnen, Autorinnen und Künstlerinnen, wie zum Beispiel Amanda Palmer (S. 139), Chanel Miller (S. 140), Jaqueline Scheiber (S. 144) und Kübra Gümüşay (S. 168), dienen vor allem der Kontextualisierung, der Reflexion und tiefergehenden Analyse. Sie bereichern Linus' Erzählungen und ermöglichen gleichzeitig einen ergänzenden Einblick in die Gedankenwelt des Autors.

u.4 DEUTUNGSPERSPEKTIVEN

Der Autor Linus Giese setzt sich gegen eine Prägung der Gesellschaft durch eine *herrschende Deutung von Geschlecht als binär angelegter Opposition* von »männlich« vs. »weiblich« ein. Geschlechtsidentitäten werden als variabel aufgefasst. Aber was genau meint er damit? Dass wir statt festgelegter Geschlechtergrenzen ein Kontinuum möglicher Orientierungen feiern sollten, einschließlich individueller Ausdrucksformen wie Kleidung.

Der Autor konzentriert sich dabei insbesondere auf die Frage nach den Mechanismen der *Konstruktion von Identitäten*: Wie gehen Menschen mit Identitätskonflikten oder -veränderungen um? Welche Prozesse sind mit der Anpassung oder dem Wandel der Identität verbunden? Welche Herausforderungen können mit der Akzeptanz und dem Ausdruck einer Identität verbunden sein, die nicht hetero und nicht cis ist? Bei der Beantwortung dieser Fragen hat das Buch ein stark emanzipatorisches Potenzial. Denn die dargestellte Lebenserfahrung dient als Wegweiser, um Jugendlichen eine kritische Denkrichtung näherzubringen, die die Heteronormativität – als unhinterfragte Voraussetzung – infrage stellt.

Die Perspektive des Autors ermöglicht es den Leser*innen, Narrative abseits der »normalen« Literatur kennenzulernen und somit der *menschlichen Komplexität* ein Stück näher zu kommen. Dies ist besonders wichtig für queere Jugendliche, die erkennen können, dass es nicht nur darum geht, sich einer Gruppe zugehörig zu fühlen, sondern auch darum, die eigene Geschichte in den erzählten Geschichten wiederzufinden. Dies ist entscheidend für den Aufbau des Selbstwertgefühls.

Besonders hilfreich ist, dass der Autor die *Macht der Sprache* immer wieder adressiert. Er zeigt den Leser*innen, wie oft tradierte Begriffe weitervermittelt und Selbstbezeichnungen verwehrt werden – was nach verbalen Angriffen und Äußerungen des Hasses sogar in physische Bedrohung münden kann. Jugendliche lernen dadurch, sensibler mit Sprache umzugehen und ihren eigenen Sprachgebrauch bewusster zu gestalten.

Obwohl die Autobiografie vom *Coming-out* einer erwachsenen Person handelt, berühren die darin enthaltenen Themen die Erfahrungen von Jugendlichen sehr direkt: Identität, Coming-out, Freundschaft, Familie, Liebe, Beziehungen, Selbstakzeptanz, Selbstentdeckung und persönliches Wachstum. Dadurch entsteht ein gesundes Verständnis von Vielfalt, das queere Identitäten als selbstverständlichen Teil der Menschlichkeit begreift und eine Abkehr von Stigmatisierungen ermöglicht.

Darüber hinaus ermöglicht die Autobiografie die Erarbeitung des Zusammenhangs von *Diskriminierung und Ungleichheit* zum Beispiel in Bezug auf soziale Klasse, körperliche Fähigkeiten oder sexuelle Orientierung (siehe **k.10**). Damit leistet »Ich bin Linus« einen wichtigen Beitrag zum Verständnis von Ungerechtigkeiten und die Entwicklung von Lösungen für ein Leben in einer gerechteren und inklusiveren Gesellschaft (Intersektionalität).

Der *ansprechende und zugängliche Schreibstil* des Autors trägt dazu bei, dass seine Botschaft von Vielfalt und Inklusion auf eine Art und Weise vermittelt wird, die die Jugendlichen erreicht und sie dazu ermutigt, ihre eigenen Werte zu hinterfragen und zu einer inklusiveren Welt beizutragen.

METHODENKISTE

Die folgende »Methodenkiste« ist als Pool zur Planung einer Unterrichtseinheit zur Autobiografie »Ich bin Linus« gedacht. Sie verbindet anzustrebende Kompetenzen im Deutschunterricht mit möglichen Textumgangsweisen in einem Unterricht zum Buch. Dabei beziehen wir uns auf die von der Kultusministerkonferenz (KMK) verabschiedeten »Bildungsstandards für das Fach Deutsch für den Mittleren Bildungsabschluss«, die die verbindliche Grundlage für alle in den Ländern zu entwickelnden Lehr- und Bildungspläne in der Sekundarstufe I darstellen.

In der rechten Spalte geben wir jeweils mögliche Beispiele für eine konkrete Umsetzung im Unterricht. Hier finden sich auch Verweise zu den Kopiervorlagen und Infoblättern in diesem Heft. Zahlreiche methodische Möglichkeiten sprechen mehrere Bildungsstandards an. Wir haben uns zum Zwecke der Übersichtlichkeit jeweils für einen Bildungsstandard des Bereiches 3.3 (»Lesen – mit Texten und Medien umgehen«) entschieden. Häufig lassen sich auch evidente Bezüge zu den Bildungsstandards der anderen Bereiche herstellen.

Darüber hinaus stehen die vorgeschlagenen Methoden in Verbindung mit einem fächerübergreifenden Ansatz (v.a. mit Religion, Ethik und anderen Fächern), den Sie je nach Klassensituation, Vorwissen und Interessen der Schüler*innen modifizieren können.

Bildungsstandards	Methoden	Beispiele
→ Verschiedene Lesetechniken beherrschen		
• Über grundlegende Lesefertigkeiten verfügen: flüssig, sinnbezogen, überfliegend, selektiv, navigierend lesen	• Ein Kapitel bzw. eine besonders wichtige oder spannende Stelle (vor)lesen • Die Auswahl individuell begründen	• Gestaltendes Vorlesen → **k.7** • Weitere Textstellen nach Wahl
	• Ein Kapitel oder einen Textausschnitt mit verteilten Rollen oder gestaltend vorlesen und aufnehmen	• Wortpaare → **k.7** • Reziprokes Lesen → **k.7** • »Unveröffentlichten Song« rappen • Weitere Textstellen → **k.1–k.10**
	• Bestimmte Textinhalte auffinden und ein den Text erschließendes Unterrichtsgespräch anhand von Leitfragen führen	• Hilfsmittel Zeilometer → **k.1** → **k.2–k.9**
→ Strategien zum Leseverstehen kennen und anwenden		
• Leseerwartungen und -erfahrungen bewusst nutzen	• Cluster oder Mindmap erstellen; damit einhergehend eine Leseerwartung aufbauen, Vorwissen aktivieren; ein Lesemotiv formulieren	• Figurenkonstellation → **i.3, k.5** • Anlass, Absicht, Zielgruppe • Anstelle Poster
	• Bezüge zur eigenen Lebenswirklichkeit herstellen	• Eigene Vermutungen, Erfahrungen, Urteile → **k.2–k.10** • Projekte → **k.10**
• Textschemata erfassen, z. B. Textsorte, Aufbau des Textes	• Die Erzählkonstruktion analysieren	• Anlass, Absicht, Zielgruppe → **k.2** • Genre • Motiv • Erzähltechnik • Spannung(sbögen)
• Verfahren zur Textstrukturierung kennen und selbstständig anwenden	• Wesentliche Textstellen kennzeichnen	• Lesetabelle → **k.2** • Markierungen während Lektüre → **k.2–k.8** • Lesetabelle, Lesetagebuch
	• Den Text gliedern	• Lesetabelle → **k.2** • Reihenfolge → **k.2** • Puzzle • Diagramme → **k.6, k.9** • Zeitstrahl • Satzteile → **k.3** • Fieberkurve • Lesetagebuch → **k.4**

Bildungsstandards	Methoden	Beispiele
• Verfahren zur Textstrukturierung kennen und selbstständig anwenden (Forts.)	• Kapitelüberschriften formulieren, austauschen und diskutieren	• Titel, Untertitel → **k.2** • Diskussion Kapitelüberschriften
	• Fragen aus dem Text ableiten	• Zu Zitaten und Textstellen → **k.2–k.10** • Zur eigenen Lebenswirklichkeit → **k.2–k.10**
	• Bezüge zwischen Textteilen herstellen	• Paratext und Inhalt → **k.2–k.8** • Vorwort und Inhalt • Exkurse und Inhalt → **k.10**
• Verfahren zur Textaufnahme kennen und nutzen	• Texte und Textabschnitte zusammenfassen	• Tabellarische Kapitelübersicht → **i.4** • Lesetabelle, Klappentext → **k.2** • Inhaltsangabe → **k.6** • Fünf-Finger-Methode → **k.2–k.10** • Lesetagebuch → **k.2–k.10**
	• Eine Inhaltsangabe auch mithilfe von Satzstreifen oder anderen Hilfsmitteln erstellen	• Tabellarische Kapitelübersicht als Puzzle → **i.4** • Lückentext → **k.3** • Reihenfolge • Tabelle → **k.3** • Satzteile → **k.3**
	• Eine wichtige Textstelle visualisieren	• Standbild → **k.4** • Poster → **k.4** • Bildergeschichte → **k.4**
	• Fragen zum Text stellen und beantworten	→ **k.2–k.10**
	• Einen Lückentext bearbeiten	• Inhaltsangabe als Lückentext → **u.1** • Lückentext → **k.3**
	• Stichwörter formulieren und damit ein Kapitel nacherzählen	• Lesetabelle → **k.2** • Motiv Coming-of-Age → **k.2, k.4**
→ Literarische Texte verstehen und nutzen		
• Ein Spektrum altersangemessener Werke – auch Jugendliteratur – bedeutender Autorinnen und Autoren kennen	• Leben und Werk des Autors kennen lernen	• Autor → **i.1** • Interview → **i.2** • Coming-out → **k.4** • Schauplätze, Ereignisse
	• Thematisch verwandte Jugendromane kennenlernen	→ **i.6** • www.beltz.de/lehrer
• Zentrale Inhalte erschließen	• Einsatz anderer Medien / inhaltlich entsprechend orientierter Zusatztexte zur Erarbeitung der Buchthemen	• Inhaltsangabe → **u.1** • Interview → **i.2** • Figurenkonstellation → **i.3** • Tabellarische Kapitelübersicht → **i.4** • Weiterführende Literaturhinweise → **i.5** • Internet → **k.3 –k.5., k.8–k.10** • Filme, Hörfunkbeiträge, Zeitschriftenartikel und Internetquellen zu Buchthemen → **k.9**
• Wesentliche Elemente eines Textes erfassen, z. B. Figuren, Raum- und Zeitdarstellung, Konfliktverlauf	• Den zeitlichen Verlauf des Buchs erarbeiten und darstellen	• Tabellarische Kapitelübersicht → **i.4** • Lesetabelle → **k.2** • Zeitstrahl → **k.4**
	• Eine Figurenkonstellation / ein Soziogramm erarbeiten	• Figurenkonstellation → **i.4**
	• Die Beziehung zwischen Figuren herausarbeiten	• Figurenkonstellation → **i.4, k.4**
	• Figuren charakterisieren; relevante Textstellen mithilfe der Kapitelübersicht auffinden → **i.4**	• Dysphorie → **k.6** • Dialog/Drehbuch → **k.9, k.10** • Figurenbiografie → **i.4**
	• Handlungsräume analysieren, auch hinsichtlich der Symbolik	• Hassrede → **k.4**

Bildungsstandards	Methoden	Beispiele
	• Ein Thema bzw. Motiv über Kapitel oder Buch hinweg verfolgen	• Mehrfachdiskriminierung → k.10 • Mikroaggressionen → k.3, k.6 • Digitale Gewalt → k.4 • Solidarität → k.4 • Coming-out → k.4 • Transidentität und Gesellschaft → k.9 • Mode → k.5
	• Den Konfliktverlauf zwischen Figuren grafisch bzw. verbal darstellen	• Standbilder → k.2, k.4 • Fieberkurven → k.4
• Wesentliche Fachbegriffe zur Erschließung von Literatur kennen und anwenden	• Die Erzählperspektive wechseln: eine Textstelle aus anderer Perspektive erzählen	• Brief → k.4 • Intersektionalität → k.10
	• Leerstellen des Buchs füllen	• Interview → i.2
	• Den Spannungsverlauf untersuchen / eine Spannungskurve erstellen	• Erwartungen → k.2 • Spannungsbögen → k.4, k.6 • Spannungsfragen
	• Einen inneren Monolog einer Figur verfassen	• Innere Monologe anderer Figuren → k.4 • Hot-Seat-Methode → k.4
• Eigene Deutungen des Textes entwickeln, am Text belegen und sich mit anderen darüber verständigen	• Eine kontroverse Diskussion zu bestimmten Aspekten oder Figuren führen	• Themen, Motive und Figuren → k.2–k.10 • Erwartungen → k.2 • Fünf-Finger-Methode k.8–k.10 • Placemat k.2–k.10 • Stummes Schreibgespräch k.4, k.10
	• Mittels Alter-Ego-Technik die möglichen Gedanken von Figuren darstellen	• Brief → k.4 • Innere Monologe anderer Figuren → k.4
	• Eine Rezension zum Buch verfassen	• Klappentext → k.2 • Fünf-Finger-Methode • Rezension als Text, Audio oder Video
• Analytische Methoden anwenden	• Den Inhalt eines Textabschnitts rekonstruieren und wiedergeben	• Lückentext → k.3 • Puzzle → k.3 • Tabelle → k.2, k.9
	• Den antizipierten und realen Handlungsverlauf vergleichen	• Erwartungen → k.2 • Fünf-Finger-Methode → k.10
	• Ein Kapitel mit einem subjektiven »Untertext« versehen	• Zu jedem Kapitel möglich
	• Handlungsmotive einer Figur herausarbeiten	• Autor, Linus → k.2–k.10 • Helfer*innen → k.4
	• Den thematischen Hintergrund des Buchs erhellen	• Mehrfachdiskriminierung → k.10 • Mikroaggressionen → k.3, k.6 • Digitale Gewalt → k.4 • Solidarität → k.4 • Coming-out → k.4 • Transidentität und Gesellschaft → k.9 • Mode → k.5 • Exkurse
	• Eine gemeinsame Reflexion der Lektüre durchführen	• Erwartungen → k.2 • Offenes Abschlussgespräch
• Produktive Methoden anwenden	• Ein eigenes Lesetagebuch bzw. einen Leseordner zum Buch führen	• Lesetagebuch
	• Einen Comic oder eine Fotostory zu einem Kapitel des Buchs erstellen	• Bildergeschichte → k.4–k.6 • Erklärvideo → k.10
	• Ein fiktives Interview mit einer Figur führen	• Figureninterviews

Bildungsstandards	Methoden	Beispiele
• Produktive Methoden anwenden (Forts.)	• Einen fiktiven Dialog zwischen Figuren verfassen	• Linus – Ärzt*in und Behörden • Linus – Menschen aus der Vergangenheit
	• Gedanken und Gefühle der Figuren imaginieren	• Standbild → k.2 • Briefe → k.4, k.8 • Innere Monologe → k.4 • Tagebucheinträge → k.6
	• Das Buch weiterdenken und schreiben	• Neues letztes Kapitel (Wie geht es für Linus weiter?)
	• Einen Brief einer Figur an eine andere Figur verfassen	• Weitere Figuren/Vorbilder → k.8
	• Eine Reportage bzw. einen Zeitungsbericht über eine Textstelle verfassen	• Über Projekte → k.4–k.10
	• Einen Handlungsort oder eine Szene malen, zeichnen oder nachbauen	• Poster → k.3–k.10 • Bildergeschichte → k.4–k.6 • Lesetagebuch
	• Eine thematische Aktion durchführen	• Projekte → k.6–k.10 • www.schule-ohne-rassismus.org • Schule-der-vielfalt.de
	• Ein Rätsel zu einem Kapitel oder zum Buch erstellen bzw. lösen	• Puzzle → k.3 • Spannungsfragen • Kreuzworträtsel → k.3
	• Ein alternatives Titelbild erstellen	• Eigenes Cover für Lesetabelle, Lesetagebuch
	• Ein Plakat bzw. eine Collage zum Buch erstellen	• Poster → k.2–k.10 • Leitfaden → k.4 • Themenplakate
	• Ein Hörspiel verfassen	• Zu rasanten Textstellen • YouTube, Spotify
• Handlungen, Verhaltensweisen und Verhaltensmotive bewerten	• Sympathie/Antipathie zu den Figuren thematisieren	• Lesetabelle → k.2 • Erwartungen → k.2 • Lesetagebuch
	• Zu den Figuren Stellung beziehen, ihr Verhalten und Handeln bewerten und kommentieren	• Lesetabelle → k.2 • Figuren → k.2–k.10 • Fünf-Finger-Methode → k.8 • Lesetagebuch
→ Sach- und Gebrauchstexte verstehen und nutzen		
• Hintergrundinformationen suchen, verstehen, auswerten und vergleichen	• Eine Collage erstellen	• Alternatives Cover → k.2 • Poster → k.3–k.10 • Eigenes Cover für Lesetabelle, Lesetagebuch • Autor, Themen, Motive
→ Medien verstehen und nutzen		
• Informationsmöglichkeiten nutzen	• Internet- und Buchrecherche zu Themen des Buchs	• Weiterführende Literaturhinweise → i.5 • Internet → k.3, k.7–k.10
• Medien zur Präsentation und ästhetischen Produktion nutzen	• Powerpoint-Präsentationen bzw. Hypertexte erarbeiten, vorstellen und reflektieren	• Schauplätze • Themen • Motive • Intertextuelle Bezüge

VORSCHLAG FÜR EINE UNTERRICHTSEINHEIT

Wir möchten Ihnen hier ein Grobraster für eine Unterrichtseinheit zu »Ich bin Linus« vorstellen, das nach dem Grundsatz »erschließend, nicht erschöpfend« vorgeht. Die Einheit besteht, unterstützt durch die Infoblätter und Kopiervorlagen[1] aus diesem Heft, aus drei Modulen, um sich dem Thema geschlechtliche und sexuelle Vielfalt anzunähern, wobei das dritte Modul über Inhalte des Buchs hinausgeht und vertiefende Elemente beinhaltet:

- sich mit Diskriminierungserfahrungen von Menschen auseinandersetzen, die nicht in die aktuellen Normen von Geschlecht, Beziehungen und Sexualität passen,
- einen Blick auf die Vielfältigkeit von Menschen, Lebensweisen und Körpern werfen,
- persönliche Erfahrungen mit Normen, Herausforderungen und glücklichen Momenten im Kontext von Geschlecht, Beziehungen und Sexualität reflektieren.

Modul A

Chronologisch, **k.2**–**k.4** der Reihenfolge nach:

- Vor der Lektüre (Cover, Kapitel 1–4)
- Während der Lektüre (Kapitel 1–17)

Modul B

Problemorientiert, **k.5**–**k.8** in beliebiger Reihenfolge:

- Während der Lektüre (Diskriminierungserfahrungen, Identität, Rollenbilder, trans und Gesellschaft)

Modul C

Problemorientiert, **k.9**–**k.10** in beliebiger Reihenfolge:

- Nach der Lektüre (Ausblick, Problematisierung, Transfer, Feedback)

Um den Überblick über die Autobiografie zu behalten, bietet sich der Einsatz einer Lesetabelle an, in der die Schüler*innen während der Lektüre zu Hause kapitelweise Stichworte zu Handlung und Gedanken des Protagonisten, aber auch eigene Fragen, Gedanken und Assoziationen notieren. Die Ergebnisse können dann immer wieder (auch im Unterricht) herangezogen werden. Damit ist eine Sicherung der Ergebnisse gewährleistet. Die gesamte Autobiografie sollten die Schüler*innen nach Modul A oder **k.4** gelesen haben.

Modul A

(ca. 6 Unterrichtsstunden)

- Lesekompetenz: Cover, Kapitel 1–17, Interview mit dem Autor
- Textanalyse: Titel, Untertitel, Textstellen untersuchen
- Übertragung auf Lebenswirklichkeit: eigene Vermutungen und Erfahrungen
- Produktion: alternatives Cover, Klappentext, Mindmap

→ Bearbeitung mithilfe der Kopiervorlagen **k.1**–**k.4**
→ Weitere Anregungen aus der »Methodenkiste« in diesem Heft → **u.5**

Modul B

(ca. 8 Unterrichtsstunden)

- Lesekompetenz: ganze Autobiografie, Intertexte, Internetrecherche
- Textanalyse: Figur und Motive
- Übertragung auf Lebenswirklichkeit: eigene Vermutungen und Erfahrungen
- Produktion: Dialog/Brief schreiben, Steckbrief, Stellungnahme

→ Bearbeitung mithilfe der Kopiervorlagen **k.5**–**k.8**
→ Weitere Anregungen aus der »Methodenkiste« in diesem Heft → **u.5**

Modul C

(ca. 6 Unterrichtsstunden)

- Lesekompetenz: ganze Autobiografie, Podcast, Internetrecherche
- Textanalyse: Themen zu Transidentität
- Übertragung auf Lebenswirklichkeit: eigene Vermutungen und Erfahrungen
- Produktion: Schreibgespräch, Infoposter, Stellungnahme

→ Bearbeitung mithilfe der Kopiervorlagen **k.9**–**k.10**
→ Weitere Anregungen aus der »Methodenkiste« in diesem Heft → **u.5**

1 Jede Kopiervorlage genügt für eine Doppelstunde, ist nach den Lernzielstufen des Deutschen Bildungsrats mit den entsprechenden Operatoren formuliert und nach einem Stundenverlauf von 1. Einstieg, 2. Erarbeitung (Präsentation nach jeder Nr. 2 möglich), 3. Sicherung, 4. Transfer und 5. Hausaufgabe formatiert. Wechsel der Sozialform (Unterrichtsgespräch, Einzel-, Partner-, Gruppenarbeit) überwiegend nach eigenem Ermessen.

Infoblätter

© Annette Etges

i.1 DER AUTOR LINUS GIESE

Linus Giese ist studierter Germanist, Blogger, Journalist und Buchhändler in Berlin. Nach seinem Studium der Germanistik in Bayreuth und Dresden absolvierte Giese ein Volontariat in einem Medienunternehmen. Seit 2011 ist er Betreiber des Blogs »Buzzaldrins Bücher«, wo er zahlreiche Bücher rezensiert. Im Juni 2017 fand Giese eine Anstellung als Buchhändler in Berlin. Im Verlauf desselben Jahres machte er seine transidente Identität öffentlich. Diesen Prozess seines Coming-outs und sein Leben dokumentiert Giese seither unter anderem auch auf Twitter und Instagram.

Aufgrund von zahlreichen Hassnachrichten und Bedrohungen, die Giese nach seinem Coming-out erhielt, sah er sich gezwungen, seinen bisherigen Arbeitsplatz aufzugeben, da seine Adresse widerrechtlich im Internet veröffentlicht wurde. Derzeit ist er in einer Buchhandlung in Berlin tätig und zählt zu den Mitgründer*innen des PEN Berlin.

Giese hat mehrere Artikel in Zeitungen wie dem »Tagesspiegel« und der »taz« sowie im Onlinemagazin »VICE« veröffentlicht, in denen er sich mit Themen wie Transrechten, einem Leben fernab von Geschlechterrollen und Transfeindlichkeit beschäftigt hat. Aufgrund seiner Expertise wurde er zuletzt als Übersetzer für das Kinderbuch »Florian« sowie »Mehr als binär« von Alok Vaid-Menon angestellt.

Linus Giese spricht sich laut für das Recht auf Selbstbestimmung aus und macht als Experte in Podcasts oder Talkshows deutlich, warum die Pathologisierung von Geschlechterdiversität überholt ist und überwunden werden muss. Insbesondere sein aktuellstes Buch »Lieber Jonas oder Der Wunsch nach Selbstbestimmung« macht in leicht formulierter Sprache deutlich, warum die Zeit für die Selbstbestimmung von trans Menschen gekommen ist. Wer mehr über Linus Giese erfahren will, findet außerdem spannende Interviews in Podcasts, wie zum Beispiel »Sinneswandel« oder »Friedemann &«.

In unserer heutigen, geschlechtervielfältigen Welt ist es von zentraler Bedeutung, die Perspektiven von queeren und transidenten Menschen zu würdigen, um die festgefahrenen Geschlechternormen zu überdenken. Linus Giese leistet einen bedeutenden Beitrag zur Förderung dieses Bewusstseins durch seine Autobiografie »Ich bin Linus«. Anhand seiner persönlichen Erfahrungen veranschaulicht er auf für Schüler*innen zugängliche Art und Weise die Realitäten, die transidente Menschen in der Gesellschaft erleben.

Werke

- Ich bin Linus. Rowohlt Verlag, 2020.
- Florian. Zuckersüß Verlag, 2022.
- Mehr als binär. Zuckersüß Verlag, 2022.
- Lieber Jonas oder Der Wunsch nach Selbstbestimmung. Kjona-Verlag, 2023.

INTERVIEW MIT LINUS GIESE: »DU VERDIENST ES, GLÜCKLICH ZU SEIN!«

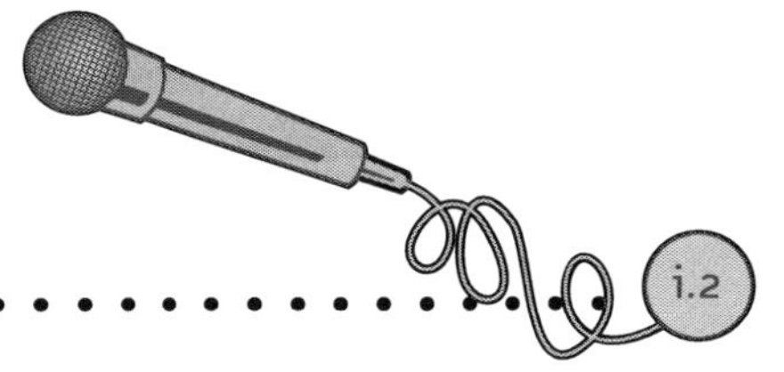

Linus Giese über die Bedeutung von Büchern, das Leben als trans Person und das Thema Diversität an deutschen Schulen

Lieber Herr Giese, welche Bedeutung haben Bücher für Sie? Haben Sie ein Lieblingsbuch?

Bücher haben eine sehr große Bedeutung in meinem Leben. Als Kind bin ich jeden Freitagnachmittag in die Stadtbibliothek gegangen und kam mit einem Beutel Bücher zurück nach Hause. Bücher haben mir schon Anleitung und Orientierung gegeben, abgesehen davon, dass es mir einfach Spaß macht zu lesen. Es ist also kein Zufall, dass ich heutzutage als Buchhändler arbeite und damit fast täglich mit Büchern umgeben bin. Weil ich so viel lese, ist die Frage nach meinem Lieblingsbuch gar nicht so einfach zu beantworten – aber eines der Bücher, das ich zuletzt besonders gerne gelesen habe, war »Pageboy« von Elliot Page.

Hatten Sie schon mal eine Idee für ein eigenes Kinder- oder Jugendbuch mit queerer Thematik?

Ja, schon ganz oft sogar! Leider fehlt es mir an Zeit, all meine Ideen umzusetzen. Es ist auf jeden Fall ein großer Traum von mir, irgendwann einmal ein Kinder- oder Jugendbuch zu schreiben!

Inwiefern hat Ihr trans Sein Ihre Sicht auf das Leben verändert?

Das ist gar nicht so einfach zu sagen: Mein trans Sein macht einen wichtigen Teil meiner Identität aus. Da ich mich erst relativ spät in meinem Leben geoutet habe, habe ich oft das Gefühl, Dinge nachholen zu müssen. Oder anders gesagt: meine Lebenszeit noch mehr zu genießen, weil ich auf der Suche nach mir selbst so viele Jahre meines Lebens verloren habe.

Über welche Informationen hätten Sie gerne früher verfügt?

Ich bin in den 90er-Jahren aufgewachsen, trans Menschen kamen in Büchern oder Filmen nicht vor. Meinen ersten eigenen PC mit Internetzugang bekam ich, als ich 18 Jahre alt gewesen bin. Das heißt, ich bin aufgewachsen, ohne Begriffe wie »trans« oder »nicht-binär« zu kennen. Ich hatte auch keinerlei Vorstellung davon, dass ich nicht für immer das Geschlecht bleiben muss, das mir bei der Geburt zugewiesen wurde. Von all diesen Sachen hätte ich sehr gerne früher erfahren.

Wie ist Ihre Sicht auf »Mannsein« und »Männlichkeit« heute, also etwa sechs Jahre seit Beginn Ihrer Transition?

Zu Beginn meiner Transition war das »Mannsein« etwas, das ich mir erobern wollte – ich hatte lange Zeit das Gefühl, besonders männlich sein zu müssen, damit mich die Gesellschaft auch als Mann wahrnimmt. In dieser Zeit hätte ich mir nicht meine Nägel lackiert oder Kleidung in der Frauenabteilung gekauft, weil ich Angst davor hatte, dass mir meine Männlichkeit wieder abgesprochen werden könnte. Heute bin ich da viel entspannter geworden – meine Männlichkeit ist nicht mehr etwas, das von den Blicken und Bewertungen anderer abhängt, sondern etwas, das ich einfach bin. Auch wenn ich mir die Nägel lackiere oder Kleidung aus der »Frauenabteilung« trage. Statt Männlichkeit zu erobern, versuche ich, mich von falschen Männlichkeitsvorstellungen zu befreien und dabei meine ganz eigene Männlichkeit zu entwickeln.

Im Buch geht es viel um eine »verlorene Zeit«. Konnten Sie damit inzwischen Frieden schließen?

Manchmal hadere ich immer noch damit. Ich spüre auch oft so etwas wie Neid auf Menschen, die ihre Transition deutlich früher beginnen als ich. Gleichzeitig weiß ich, dass ich die Zeit nicht nochmal zurückdrehen kann – niemand gibt mir die verlorene Zeit wieder zurück. Und wer weiß, ob die Zeit überhaupt wirklich verloren war? Das ist ein Gedanke, der mich oft tröstet: Vielleicht hatte es auch alles einen Sinn?

Warum ist Ihr Buch wichtig im schulischen Kontext?

Es ist total wichtig, dass Schüler*innen mit diesen Themen in Berührung kommen! Einerseits, um Schüler*innen aufzuklären, und andererseits, um Schüler*innen, die darüber nachdenken, ob sie selbst trans sein könnten, Hilfestellung und Orientierung geben zu können. Als ich mein Coming-out hatte, hatte ich das Gefühl, eine Mauer von Angst und Scham durchbrechen zu müssen, ich würde mir wünschen, dass Jugendliche heutzutage nicht mehr so viel Angst und Scham empfinden müssen, weil Themen selbstverständlicher und normalisierter werden.

Wie würden Sie sich die Arbeit mit Ihrem Buch in der Schule optimalerweise vorstellen?

Das ist eine gute Frage, meine eigene Schulzeit ist schon relativ lange her! Ich würde mir wünschen, dass Schüler*innen durch das Lesen meiner Geschichte in ein neugieriges, offenes und wertschätzendes Gespräch finden.

In Ihrem Buch sprechen Sie über die »Macht von Sprache«. Welchen Umgang mit Sprache zu Transthematiken sollten sich Lehrkräfte aneignen?

Mein Eindruck ist, dass sich in den letzten Jahren schon vieles verändert hat, was die Sprache betrifft: Bestimmte Begrifflichkeiten sind zum Beispiel veraltet, wir benutzen heute nicht mehr Begriffe wie »transsexuell« oder »Geschlechtsumwandlung« oder den alten Namen von trans Menschen.

Neben der Sprache ist es mir besonders wichtig, auch mit bestimmten Vorstellungen zu brechen. Nicht alle trans Menschen nehmen Hormone oder entscheiden sich für Operationen. Es gibt nicht den einen oder vorgezeichneten Lebenslauf und auch keine Checkliste, auf der alle Punkte erfüllt sein müssen. Von Lehrkräften würde ich mir wünschen, dass sie sich überlegen, wie sie über das Thema sprechen wollen – ich wünsche mir Achtsamkeit, Sensibilität und Informiertheit.

Wie gehen Sie selbst mit Sprache um, d. h., wie geht bei Ihnen das Schreiben vonstatten?

Da ich hauptberuflich als Buchhändler arbeite und nur nebenberuflich schreibe, findet mein Schreiben oft in meinem Urlaub statt. Bei »Ich bin Linus« habe ich große Teile des Buchs in einem abgelegenen Haus in Baden-Württemberg geschrieben, in dem ich keinen Internetzugang hatte. Daraus wird wahrscheinlich schon deutlich, was ich beim Schreiben brauche: Ich brauche Abgelegenheit, Einsamkeit und Ruhe, um mich ganz auf das Schreiben konzentrieren zu können.

Welche Stelle in Ihrem Buch gefällt Ihnen besonders und warum? Oder welche Stelle hat Sie am meisten Arbeit gekostet und warum?

Am schwierigsten war für mich tatsächlich das erste Kapitel, weil es mir enorm schwerfiel, anzufangen und einen Ton zu finden. Gleichzeitig lese ich genau dieses Kapitel immer noch gerne vor bei Lesungen und habe das Gefühl, es ist immer eine kleine Zeitreise zurück zu dem Moment meines Coming-outs.

In Ihrem Buch thematisieren Sie, dass es für Sie nicht genug queere, deutsche Vorbilder gibt. Hat sich daran was geändert?

Seitdem das Buch erschienen ist, hat sich auf jeden Fall einiges getan! Ich denke dabei an queere Stars wie Riccardo Simonetti, Phenix Kühnert oder Tarik Tesfu. Die Kampagne #actout, bei der sich queere Schauspieler*innen 2021 geoutet haben, hat sicherlich sehr viel für Sichtbarkeit und Repräsentation getan.

Es geht in Ihrem Buch auch um die Wichtigkeit von Vorbildern. Wie können Lehrkräfte gute Vorbilder für queere Kinder und Jugendliche sein? Geht das überhaupt, wenn sie cis und/oder hetero sind?

Ich glaube, dass das möglich sein kann. Lehrkräfte können Schüler*innen zum Beispiel durch ihre Neugier, ihre Offenheit und ihren Mut ein Vorbild sein und die Schüler*innen bei ihrem Wunsch unterstützen, herauszufinden, wer sie sind und sein wollen.

Können oder dürfen cis und/oder hetero Männer bzw. alle nicht direkt Betroffenen überhaupt über Transthematiken sprechen?

Die Frage lässt sich pauschal sicherlich schwer beantworten. Es ist auch keine Frage des »Könnens« oder »Dürfens«, ich kann Menschen ja nicht verbieten, sich zu äußern. Trotzdem glaube ich, dass es wichtig ist, sich ganz genau zu überlegen, ob ich (z. B. als heterosexueller cis Mann) bei Transthemen den Raum einnehmen sollte oder ob nicht andere viel besser über das Thema sprechen könnten.

Sie haben nach Ihrem Coming-out online viel Hass erfahren. Was würden Sie queeren Jugendlichen raten bei Hasskommentaren im Internet, was bei Hass und Diskriminierung im Kontext Schule?

Als ich mit Hass im Netz konfrontiert gewesen bin, haben mir zwei Sachen geholfen: Erstens, mir professionelle Hilfe zu suchen, und zweitens, mit dem, was mir passiert, nicht alleine zu bleiben. Diese beiden Ratschläge möchte ich auch Jugendlichen auf den Weg geben, die in den sozialen Kanälen auch oft mit Hasskommentaren konfrontiert werden. Die größte Gefahr dabei ist, irgendwann zu glauben, was du über dich selbst liest – deshalb ist es wichtig, sich anderen anzuvertrauen und mit diesen Erfahrungen nicht alleine zu bleiben. Im Kontext Schule müssen Lehrer*innen auf dem Schirm haben, dass die sozialen Medien ein Ort sind, an dem Gewalt stattfindet, die sich nicht weniger bedrohlich anfühlt, weil sie »nur« digital ist.

Wie kann das Thema Diversität an Schulen vorangebracht werden?

Einerseits kann das natürlich durch den Unterrichtsstoff oder die ausgewählte Lektüre passieren, andererseits würde ich mir sehr wünschen, dass sich auch noch mehr Lehrer*innen trauen würden, offen zu ihrer Queerness zu stehen, und damit gelebte Diversität verkörpern.

Haben Sie einen Tipp für Lehrkräfte, wie sie queere Kinder und Jugendliche besser im schulischen Leben integrieren und unterstützen können?

Wenn ich an dieser Stelle vor allem an Kinder und Jugendliche denke, die trans sind, dann fallen mir zwei wichtige Punkte ein: zum einen die Schüler*innen mit ihrem gewünschten Namen ansprechen und zum anderen den gewünschten Namen überall dort, wo es rechtlich möglich ist, verwenden. Damit wäre der Schulalltag für viele trans Kinder und Jugendliche schon deutlich leichter.

Stichwort Diversität in der Gesellschaft: Was halten Sie vom Selbstbestimmungsgesetz, das am 1. November 2024 verabschiedet werden soll?

Da ich meinen Namen bereits geändert habe, betrifft mich das Gesetz nicht mehr – von Menschen, die dieses Gesetz noch nutzen müssen, wurde viel Kritik geäußert. Der Name »Selbstbestimmungsgesetz« deutet an, dass es um die Selbstbestimmung von trans Menschen geht, in der Realität hat das Gesetz aber wenig mit Selbstbestimmung zu tun, sondern soll wohl eher die kritischen und besorgten Stimmen beruhigen.

Es gibt zum Beispiel den sogenannten Hausrechtsparagraphen, der festlegen soll, dass z. B. Saunabetreiber*innen Gebrauch von ihrem Hausrecht machen dürfen, wenn es darum geht, dass trans Frauen Zugang erhalten oder nicht. Das Hausrecht gilt sowieso – und auch jetzt schon – aus welchem Grund, wird es noch einmal extra festgehalten? Genauso wie die Tatsache, dass es nicht mehr möglich ist, den Geschlechtseintrag im Kriegsfall zu ändern, oder die lange Liste an Behörden, die über den neuen Geschlechtseintrag informiert werden (um zu verhindern, dass Straftäter*innen einfach ihren Namen ändern).

Das Selbstbestimmungsgesetz ist also vor allem ein Gesetz, das auf Misstrauen und irgendwelchen Schauermärchen beruht.

Was möchten Sie jungen queeren Menschen mit auf den Weg geben?

Es ist nie zu spät, um herauszufinden, wer du bist und sein willst. Es lohnt sich immer, neugierig, offen und mutig zu sein. Du verdienst es, glücklich zu sein. Nichts an dir ist falsch. Du bist gut so, wie du bist. Wenn ich Bücher signiere, dann schreibe ich oft einen Satz hinein, den ich auch allen queeren Jugendlichen mitgeben möchte:

Bitte nicht vergessen: Niemals aufhören anzufangen!

Gibt es schon ein nächstes Projekt, auf das wir uns freuen dürfen?

Ich denke gerade tatsächlich über eine Idee für ein Kinderbuch nach und bin gespannt, was daraus wird!

Herr Giese, vielen Dank für das Gespräch!

Interview: Dr. Peter Schallmayer (Oktober 2023)

FIGURENKONSTELLATION

Die (wichtigsten) Figuren sind rund um die treibende Kraft des Geschehens, den Protagonisten, angeordnet. Die Schriftgröße gibt ihre (diskutable) Bedeutung für Linus wieder.

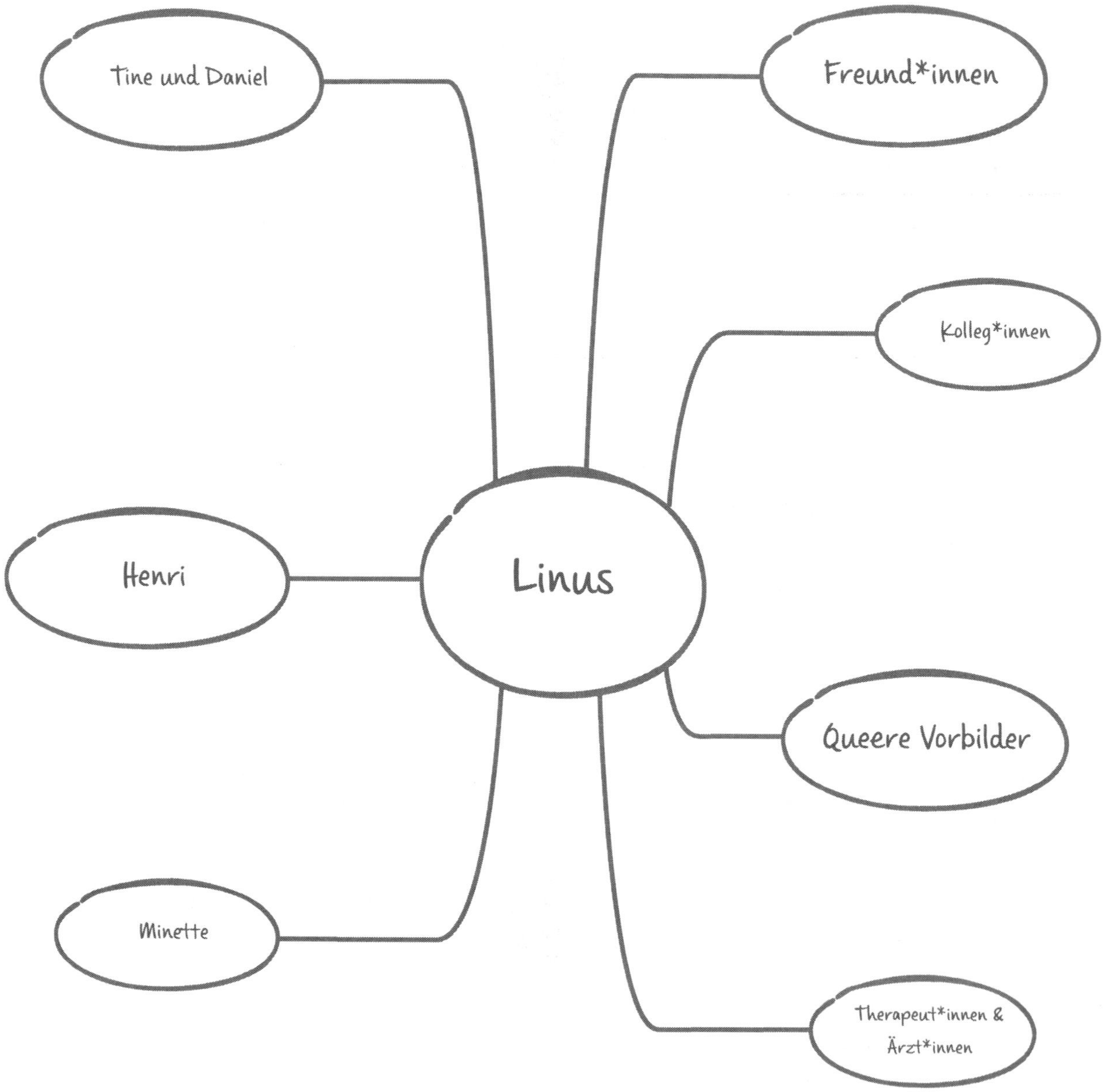

TABELLARISCHE KAPITELÜBERSICHT

i.4

Kapitel	Seite	Erzähltes Geschehen
Starbucks	9–15	Linus bestellt ein Getränk bei Starbucks und spricht zum ersten Mal seinen selbstgewählten Namen laut aus. Diesen Moment sieht er als den Startpunkt seiner Transition.
Tine & Daniel	16–21	Linus' Leben nimmt eine neue Wendung: Trennung von seiner Partnerin, Umzug, neuer Job. In diesem Ausnahmezustand muss er sich erst zurechtfinden.
Wann wurde ich eigentlich trans?	22–25	Linus macht klar, dass es keinen Ausgangspunkt für sein trans Sein gibt. Dass es aber Anzeichen gab, die ihm – hätte er sie mit der richtigen Unterstützung einzuordnen gewusst – viel Leid erspart hätten.
In welche Schublade passe ich?	26–29	Linus spricht über die Notwendigkeit einer »Schublade« für ihn als jungen Menschen, um eine Erklärung für seine Andersartigkeit zu haben.
Stone Butch Blues	30–35	Linus findet keinen Zugang zu den eigenen Wünschen und Bedürfnissen, was zu einem gesteigerten Schamgefühl in Bezug auf seinen Wunsch, ein Mann zu sein, führt.
Ein kompletter Neustart	36–39	Linus kündigt seinen Job und zieht mit zwei Koffern nach Berlin, um dort komplett neu zu starten. Er beginnt in einer Berliner Buchhandlung als Linus zu arbeiten.
Berlin	40–42	Linus hat Anfangsschwierigkeiten bei Verwendung des selbstgewählten Namens. Er kauft sich seinen ersten Binder (ein Stück Unterwäsche, das die Brüste der tragenden Person flachdrückt).
Minette	43–46	Linus lässt sich von der queeren Künstlerin Minette malen und hofft, sich in ihrem Blick wiederzuerkennen.
In der Herrenabteilung	47–49	Linus geht zum ersten Mal in der Herrenabteilung einkaufen und fragt sich, warum wir Kleidungsstücken Geschlechter zuordnen.
Ich bin euphorisch!	50–52	Linus erklärt ausführlich, was mit Dysphorie von trans Menschen gemeint ist, warum dieses Konzept problematisch sein kann und was es bedeutet, ein Mann oder eine Frau zu sein.
Eine Diagnose bitte	53–58	Linus nimmt Kontakt mit einer Therapeutin auf, denn um ein Indikationsschreiben für die Hormontherapie zu bekommen, ist eine Psychotherapie vonnöten. Ihm werden intrusive, unangenehme Fragen gestellt.
Die erste Spritze	59–62	Linus ist beim Endokrinologen und bekommt zum ersten Mal eine Depotspritze mit Testosteron.
In Wartezimmern	63–65	Linus beschreibt Arztpraxen als unsichere Orte für trans Menschen aufgrund von Unwissen, Vorurteilen und fehlendem Interesse am Thema.
Zuhause	66–67	Linus zieht zum ersten Mal in eine WG, mit Jasmin und dem Hund Chloé. Es fühlt sich wie das erste richtige Zuhause an.
Transition	68–71	Linus schildert die körperlichen Veränderungen durch die Einnahme von Testosteron (Genitalbereich, Körperbehaarung).
Mikrodysphorien	72–80	Linus erklärt das Wort Mikrodysphorie und beschreibt damit das Unwohlsein von trans Menschen, die sogenannten Mikrobeleidigungen durch die heterosexuelle und cis-normative Dominanzgesellschaft ertragen zu müssen.
Namensänderung	81–85	Linus legt den Weg der Vornamens- und Personenstandsänderung und die stark diskriminierenden Elemente daran dar.
Was Liebe ist	86–95	Linus hat sich lange nicht geliebt gefühlt. Auch als trans Mensch holen ihn diese Gefühle ein, da ein trans Körper nicht den gesellschaftlichen Vorstellungen eines normalen Körpers entspricht.
Ein Blick zurück	96–103	Für Linus fühlt es sich so an, als sei er erst seit seinem Coming-out in der Welt angekommen. Seine Kindheitserinnerungen sind hauptsächlich schmerzhaft.
Selbstzweifel	104–111	Die Veränderungen durch Testosteron helfen Linus, die Selbstzweifel zu überwinden und sich allmählich zu akzeptieren.

Kapitel	Seite	Erzähltes Geschehen
Neuer Mut	112–118	Linus macht sich Gedanken über Job- und Wohnungssuche als trans Mensch und ob er beides gefunden hätte, wenn er nicht als cis Mann wahrgenommen werden würde. Er spricht über das Aufbrechen von Geschlechtervorstellungen.
Digitale Gewalt	119–132	Linus erfährt auf Twitter offene Anfeindungen und kontaktiert die Polizei, die ihm aber aufgrund fehlender Strukturen bei digitaler Gewalt nicht helfen kann.
Wenn das Zuhause nicht mehr sicher ist	133–145	Das analoge Mobbing und Stalking eskaliert und Linus fühlt sich in seinen eigenen vier Wänden nicht mehr sicher. Er sucht Schutz bei Freund*innen.
Solidarität	146–153	Linus ist entsetzt über die fehlende Solidarität und Akzeptanz an seinem neuen Arbeitsplatz. Seine Kolleg*innen zeigen kein Verständnis für die Bedrohungen, denen er ausgesetzt ist.
Wie geht es weiter?	154–158	Linus hat das Vorgespräch für seine Mastektomie in einer Hamburger Klinik und kommt seinem Wunsch der körperlichen Angleichung näher.
Zum zweiten Mal bei Minette	159–163	Zwei Jahre später trifft Linus wieder auf die Künstlerin Minette und lässt sich dieses Mal halbnackt malen, um seinen trans Körper sichtbar werden zu lassen.
Henri	164–167	Linus spricht von der Wichtigkeit von (transmännlichen) Vorbildern, da sie Hoffnung geben. Er möchte ein solches Vorbild sein.
Sprache	168–185	Linus bespricht die Macht der Worte und dass es wichtig ist, auf eine sensible Sprache zu achten.
Please educate me	186–192	Linus betont, dass es nicht die Aufgabe von trans Menschen ist, andere Menschen aufzuklären, da dies dazu führen kann, dass die jeweiligen trans Existenzen diskutiert, analysiert und infrage gestellt werden.
Bodyshaming	193–202	Linus fragt sich, inwiefern trans Menschen von Bodyshaming betroffen sind und wie sie lernen »Nein!« zu sagen.
Queere Vorbilder	203–209	Linus wünscht sich mehr öffentliche Vorbilder, die zeigen, dass Männlichkeit ein breites Spektrum ist und es keine »richtigen« Männer gibt.
Ende	210–213	Linus hat dieses Buch geschrieben, weil er sich a) sozial und moralisch verantwortlich fühlt, jüngere und weniger privilegierte trans Menschen zu unterstützen, b) auch Menschen aufklären will, die mit diesem Thema bisher noch keine Berührungspunkte hatten, und weil er c) glücklich darüber ist, im Oktober 2017 ein neues Leben geschenkt bekommen zu haben.
Epilog	214–218	Die Corona-Pandemie hat begonnen und Linus steckt mitten in der Fertigstellung seines Buchs. Er erklärt, inwiefern trans Menschen auf besondere Weise von dieser Pandemie betroffen sind und auf welche überlebenswichtigen Maßnahmen sie dadurch verzichten müssen.

WEITERFÜHRENDE LITERATURHINWEISE

i.5

Thematisch verwandte Jugendromane

- Marius Schaefers: **In den buntesten Farben.** München: Lago, 2022.
  Philipps Herz ist gebrochen, wieder einmal. Er scheint kein Händchen für die Liebe zu haben – oder klappt es nur nie, weil er trans ist? Vielleicht liegt es aber auch an Ali, dem Jungen, an den er seit Jahren immer wieder denkt …
- Kacen Callender: **Felix Ever After.** Hamburg: Lyx Verlag, 2021.
  Felix ist ein schwarz, queer und trans. Er denkt, dass er niemals Liebe finden wird. Ironisch, da er mit Nachnamen Love heißt. Doch nachdem er auf eine Selbstfindungsreise geht und sich eingesteht, dass er es wert ist, geliebt zu werden, merkt er, dass die Liebe ihn schon lange begleitet hat …
- Elias Finley: **Gänseblümchen.** Oberursel: Queer Pack, 2021.
  *Eine schöne queere Geschichte über Rick, der bei seiner Oma lebt, mit ihr und seinen schwulen Opas auf die Pride geht, der noch das richtige Wort für seine sexuelle Orientierung sucht, dessen beste*r Freund*in nicht-binär (mit Pronomen sier) ist und der anfangs schon fast zu perfekt wirkt, bis ihn ein neuer Mitschüler namens Bo mehrmals provoziert …*
- Elliot Page: **Pageboy – Meine Geschichte.** Frankfurt a. M.: S. Fischer, 2023.
  Elliot Page führt uns in dieser Autobiografie auf eine Reise durch seine Kindheit in zwei Elternhäusern mit einem manipulativen Vater und einer gehässigen Schwiegermutter über die ersten Filmaufnahmen zu regelmäßigen Drehs mit guten und leider auch vielen schlechten Erfahrungen sowie zu Elliots Coming-out als trans …

(Film-)Medien für Jugendliche

- **Disclosure** (Netflix, 2020)
  Beeindruckende Netflix-Dokumentation zeigt, wie sich die Repräsentation von Transthemen in Filmen und Serien verändert hat.
- **Heartstopper** (Netflix, 2022–2023)
  Erfrischende Repräsentation von queeren Jugendlichen und auch einer transweiblichen Jugendlichen, deren Transidentität normalisiert dargestellt wird.

Pädagogische und didaktische Literatur für Lehrer*innen

- Ursula Rosen, Ingeborg Rosen: **Alles divers! Sexualkunde und Demokratieerziehung.** Unterrichtseinheiten für verschiedene Schulformen und Fächer. Lingen: Salmo Verlag, 2021.
- Alexander Naß (Hrsg. et al.): **Geschlechtliche Vielfalt (Er)Leben. Trans*- und Intergeschlechtlichkeit in Kindheit, Adoleszenz und jungem Erwachsenenalter.** Gießen: Psychosozialverlag, 2016.

Internet-Links
(Stand: September 2023)

- **queer-lexikon.net**
  Glossar mit vielen Begriffen rund um sexuelle, romantische und geschlechtliche Vielfalt u. v. m.
- **www.queerformat.de/wp-content/uploads191211_QF*infobroschuere04_4_Vs01_F1.pdf**
  Beratungsleitfaden zum Thema vielfältige Lebensweisen in Schule unterstützen.
- **interventionen.dissens.de/fileadmin/Interventionen/redakteure/Dissens_-_PädagogikGeschlechtlicheAmouröseSexuelleVielfalt.pdf**
  Empfehlenswerte Broschüre des Instituts für Bildung und Forschung e. V. mit wichtigem Hintergrundwissen zur »Pädagogik geschlechtlicher, amouröser und sexueller Vielfalt – Zwischen Sensibilisierung und Empowerment«.
- **www.bvtrans.de**
  Gesellschaftspolitische Arbeit und Beratungsangebote der Bundesvereinigung Trans.*
- **www.i-paed-berlin.de/de/Downloads**
  *Handreichung für Sozialarbeiter*innen sowie Lehrkräfte zu inklusiver pädagogischer Praxis, vorurteilsbewusster Bildung und Erziehung.*
- **genderdings.de**
  Informative Homepage zu Fragen von Familienformen, Sexualität, Feminismus, viele verschiedene Geschlechter, Schönheitsideale und mehr.
- **www.amschneider.com/nichtbinaer**
  Ansprechende und zugängliche Broschüre in nichtbinäre Geschlechter.

Lesezeichen und Zeilometer

LINUS GIESE

SPIEGEL Bestseller Jetzt als Taschenbuch

ICH BIN LINUS

Wie ich der Mann wurde, der ich schon immer war

GULLIVER

Dieses Lesezeichen hilft dir, einzelne Textstellen zu finden oder dich mit deinen Mitschülerinnen und Mitschülern über bestimmte Textstellen zu unterhalten:
Lege dazu einfach das Zeilometer an den oberen Buchrand. Die Zahlen sind dann die jeweiligen Zeilen. Natürlich kannst du dein Zeilometer auch individuell gestalten.

Wie ich der Mann wurde, der ich schon immer war

Warum ein Pumpkin Spice Latte Linus' Leben komplett verändert …

1. Beschreibe die visuelle Gestaltung des Buchcovers und beantworte folgende Fragen:

a) Welche Assoziationen lösen die Farben des Bechers in dir aus?

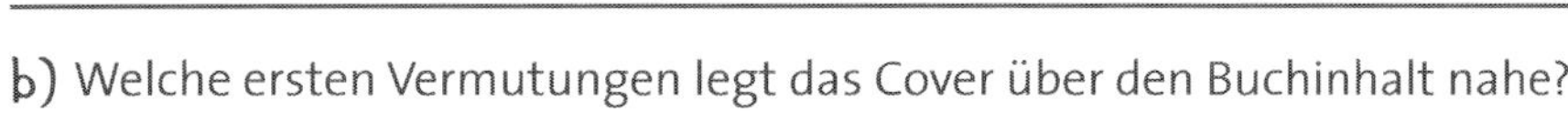

b) Welche ersten Vermutungen legt das Cover über den Buchinhalt nahe?

Info Die visuelle Gestaltung eines Buchcovers lässt sich unter verschiedenen Gesichtspunkten beschreiben: Setting (Schauplatz) und Ausstattung (Requisiten), Licht (Helligkeit, Kontrast, Quelle, Richtung) und Farbe, Kadrierung (Position der Dinge im Bild) und Komposition (Bezug der Dinge zueinander), Typografie (Schrift).

2. Lies die Seiten 9 bis 25.

a) Stelle wichtige Informationen über den Protagonisten Linus in einer Mindmap dar.

b) Vergleiche dein Bild von Linus mit dem Bild, das die Person neben dir von Linus hat.

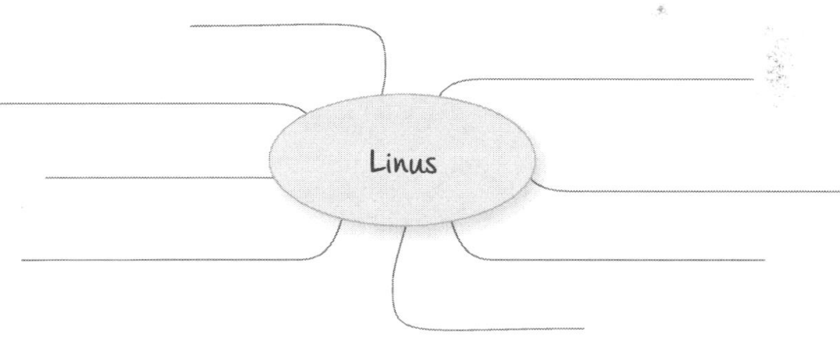

3. Lies den Klappentext und gestalte ihn in deinem Sinne um (z.B. anderer Inhalt, andere Form oder andere Sprache).

für Profis Das Buchcover soll die Aufmerksamkeit der Leser*innen wecken und sie zum Kauf des Buchs anregen. Deswegen ist es oft nach der AIDA-Formel gestaltet: Zuerst soll Aufmerksamkeit (*attention*) für ein Produkt erregt, dann Interesse (*interest*) geweckt, danach der Besitzwunsch (*desire*) ausgelöst und zuletzt das Handeln des Kunden (*action*) eingeleitet werden. Entscheide, ob das Cover als Werbung funktioniert.

4. Schneide das Zeilometer (**k.1**) aus, lies die Seiten 26 bis 85 und markiere dir wichtig erscheinende Textstellen.

Als ich aufwuchs, fehlten mir Begriffe (1)

1. a) Gib an, was die Abkürzung »LSBTIQA+« bedeutet/bedeuten könnte.

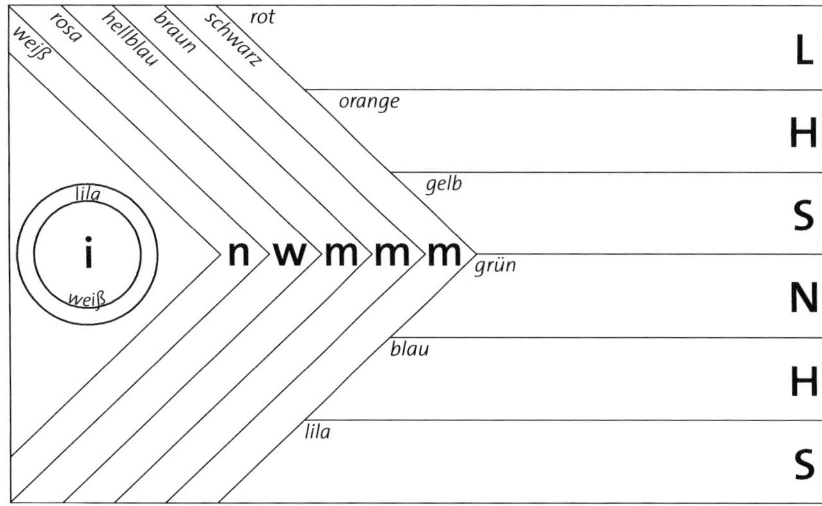

Tipp: Die Anfangsbuchstaben können dir dabei helfen. Du kannst außerdem im Internet unter dem Stichwort »Prideflagge« recherchieren.

b) Male die Flagge wie angegeben aus. Gib an, wofür welche Farbe steht.

2. Erkläre folgende Begriffe anhand der jeweiligen Textstelle.

Begriff	Textstelle	Erklärung
Butch	S. 28	
cis	S. 175	
Coming-out	S. 12f.	
deadname	S. 170ff.	
Dritte Option	S. 83	
Dysphorie	S. 50ff.	
eggmode	S. 165	
Mikrodysphorie/ Mikroaggression	S. 72ff.	
Passing	S. 113, S. 182	
Transition	S. 68, S. 177	

Als ich aufwuchs, fehlten mir Begriffe (2)

3. Recherchiere folgende Begriffe und ihre Erklärungen:

- Asexualität
- Bisexualität
- Binder
- Ergänzungsausweis
- Fremdouting
- Gender
- geschlechtsangleichende/ -zuweisende Maßnahmen
- Heteronormativität
- inter
- Intersektionalität
- nichtbinär
- queer
- trans
- Transsexuellengesetz
- Transfeindlichkeit

Ziehe dazu und zur Korrektur der Erklärungen in der Tabelle folgende Seite heran: queer-lexikon.net/glossar (Stand: September 2023).

4. Lies die Seiten 76f. und beantworte folgende Fragen:

a) Welche Begründung nennt Linus für richtig gewählte Formulierungen?

Auf Twitter schlug ich einmal vor …
… sondern stattdessen Denkanstöße zu geben. (S. 76f.)

____

____

____

b) Warum ist die Kritik daran oft so groß?

____

____

für Profis

Erstelle mit den Begriffen aus Aufgabe 2 Kärtchen für ein Tabu-Spiel.
Beispiel: Auf Kärtchen steht oben der Begriff, der erklärt werden soll (z.B. *Heterosexualität*) und darunter stehen mehrere sogenannte ›Tabuwörter‹ (z.B. *Mann, Frau, sexuelle Orientierung, normal*).

Info

Die Methode **Tabu-Spiel** soll natürlich keine gesellschaftlichen Herrschaftsverhältnisse oder Tabuisierungen reproduzieren (z.B. Aufwertung/Abwertung von Geschlecht, sexueller Orientierung, sozialer Klasse, Körperlichkeit etc.), sondern dient lediglich der Wiederholung der gelernten Wörter.

Mein Leben ist ein andauerndes Coming-out

1. Lies die Seiten 11 bis 15 und beantworte folgende Fragen:

a) Wie geht Linus bei seinem Coming-out vor?

____

____

b) Welche Sorgen äußert er?

____

____

Info

Für mehr interessante Informationen zur Lebenssituation von queeren Jugendlichen nach dem Coming-out solltest du dir unbedingt die Abschnitte 12 und 13 der Broschüre »Coming-out – und dann …?!« des Deutschen Jugendinstituts anschauen. Hier wird dir gut der Unterschied zwischen dem inneren und äußeren Coming-out erklärt. Ziehe dazu folgende Seite heran: www.dji.de/fileadmin/user_upload/bibs2015/DJI_Coming-out_Broschuere_barrierefrei.pdf (Stand: September 2023).

2. Beschreibe die Reaktionen von Freundin Wibke (S. 31) und Kollegin Anna (S. 38f.) auf Linus' Coming-out.

a) Wie verhalten sich die beiden jeweils?

b) Wie beurteilst du ihr Verhalten?

3. Bearbeite eine der folgenden Aufgaben:

A Stelle dir vor, eine Person, die dir nahesteht, outet sich als trans. Was geht jetzt in deinem Kopf vor? Schreibe einen inneren Monolog.

B Ein Coming-out ist selten einfach. Schreibe einen Brief an Linus, in dem du ihm deine Unterstützung zeigst und ihm gut zusprichst.

Methode

Ein **innerer Monolog** ist ein Selbstgespräch, in dem du deine Gefühle und Gedanken zum Ausdruck bringst. Du kannst auch Fragen formulieren, die sich dir stellen.

für Profis

Gestalte eine Bildergeschichte, in der die Schwierigkeiten des Coming-outs zum Ausdruck kommen.

4. Gestalte eine Liste mit Ideen, was deine Schule dafür tun könnte, dass sich Schüler*innen auf dem LSBTIQA+-Spektrum dort sicher fühlen können.

Es ist der Raum dazwischen, der so wichtig ist

1. a) Wie wirken die Bilder von Mark Bryan, Rain Dove und Alok Vaid-Menon auf dich? Scanne dazu die drei QR-Codes ein.

b) Welche Schwierigkeiten können entstehen, wenn sich Menschen nicht gemäß ihres gelesenen Geschlechts (»Mann«/«Frau«) kleiden?

für Profis

Am 25. November 2019 veröffentlichte die nichtbinäre Fashion-Ikone Alok Vaid-Menon ein kurzes Statement, in dem Alok fordert, dass man Mode kein Geschlecht überstülpen darf. Nenne die Gründe Aloks, warum geschlechtsneutrale Mode wichtig ist. Welche Chancen sieht Alok darin? Ziehe dazu folgende Seite heran: www.alokvmenon.com/blog/2019/11/25/degendering-fashion-is-an-anti-violence-imperative (Stand: September 2023).

2. Lies die Seiten 47 ff.

a) Stelle in einem Cluster dar, was Linus zu Mode und Geschlecht beobachtet.

b) Sammle über die Mode hinaus stereotypische Rollenzuweisungen für »Männer« und »Frauen«.

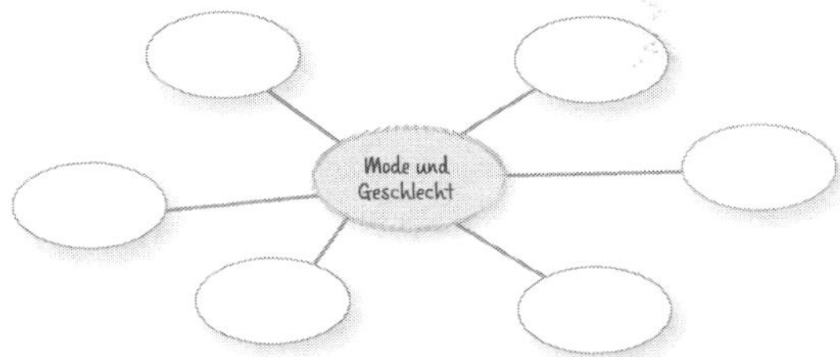

Info

Wenn du mehr spannende Hintergrundinformationen zu Geschlechterrollen haben möchtest, solltest du auf jeden Fall bei »Genderdings« vorbeischauen: https://genderdings.de/gender/geschlechterrollen/ (Stand: September 2023).

3. Führt die Hot-Seat-Methode durch.

a) Schritt 1: Schaue das Musikvideo »The Light« (siehe QR-Code unten).

b) Schritt 2: Schlüpfe in die Rolle des Kindes und stelle seine Gefühle und Gedanken dar.

Methode

Die »**Hot Seat**«-**Methode** ist eine Aktivität, die oft in Gruppen verwendet wird, um Diskussionen, Ideenaustausch und Lernprozesse zu fördern. Eine Person sitzt auf dem »heißen Stuhl« und beantwortet Fragen aus dem Plenum, um den Gefühlen und Gedanken einer Figur auf die Spur zu kommen. Ziehe dazu das Musikvideo »The Light« heran, das den Druck behandelt, den enge Geschlechterrollen auslösen können: www.youtube.com/watch?v=Cf79KXBCIDg (Stand: September 2023).

4. Nimm Stellung zu Linus' Wunsch für die Zukunft (S. 117, Z. 8–15).

Ich bin euphorisch

1. Erläutere anhand der Beispiele auf den Seiten 50ff., was genau in trans Menschen Dysphorie auslösen kann.

Info: Das Wort »Dysphorie« stammt aus dem Griechischen und setzt sich aus den Wörtern »dys-« (schlecht, schlecht funktionierend) und »phoros« (Gemütszustand, Stimmung) zusammen.

2. Erkläre ausgehend von der Textstelle, warum sich Linus mit dem Wort »Dysphorie« schwertut.

3. Entwirf eine Antwort auf folgende Frage (mind. 250 Wörter):

   »Was bedeutet es denn eigentlich für dich, ein Mann oder eine Frau zu sein?« (S. 52)

4. Wäge ab, ob es Bereiche in deinem Leben gibt, in denen du aufgrund deines Geschlechts Unwohlsein empfindest.

für Profis: Nach aktuellem Stand (September 2023) werden trans Menschen laut der internationalen Klassifikation von Krankheiten als Menschen mit einer Persönlichkeits- und Verhaltensstörung klassifiziert. Im Kapitel »Eine Diagnose bitte« spricht Linus über einige Hürden, die dadurch entstehen. Schreibe einen Tagebucheintrag, in dem du deine Gedanken zu dieser Ungleichbehandlung gegenüber cis Menschen aufschreibst.

Ein Superheld ist etwas anderes als ein super Held (1)

1. Lies folgende Wortpaare laut vor:

»Ökospinner«	»Umweltschützer«
»Flüchtlingswelle«	geflüchtete Menschen
»Klimakrise«	Erderwärmung
»Kampflesbe«	»lesbische Frau«

a) Beschreibe in ein, zwei Sätzen, welche (gegensätzlichen) Assoziationen diese Wörter hervorrufen.

___

___

___

b) Schreibe nach demselben Muster eigene Wortpaare auf.

___

___

2. Beantworte folgende Fragen:

a) Warum sorgt gendergerechte Sprache oder das Gendern immer wieder für hitzige Diskussionen?

Es gibt mehrere Möglichkeiten, um möglichst alle Menschen anzusprechen. Hier findest du einige Beispiele:

1. Doppelnennung: Du benennst beide Geschlechter (z. B. Lehrerinnen und Lehrer) oder die weibliche Form wird durch Abkürzung hinzugefügt (Lehrer/-innen).
2. Neutralisierung: Du ersetzt die männliche Form durch geschlechterneutrale Formen (z. B. Lehrkraft) oder eine Substantivierung (z. B. Lehrende).
3. Gender-Zeichen: Du ergänzt ein Sternchen, einen Unterstrich oder Doppelpunkt zwischen männlicher Form und weiblicher Endung (z. B. Lehrer*innen, Lehrer_innen, Lehrer:innen). Die Sonderzeichen stellen oft Platzhalter für alle dar, die sich weder dem weiblichen noch dem männlichen Geschlecht zuordnen.

Obwohl es niemals darum gehen muss, dass du andere Menschen und ihre Identität vollends verstehst, so sollte es dennoch immer darum gehen, deinen Mitmenschen Akzeptanz entgegenzubringen. Noch hilfreicher ist es, wenn du die Bereitschaft zeigst, dich selber weiterzubilden und diese neu gewonnenen Kenntnisse auch in der Sprache darzustellen.

b) Was bedeutet Gendern für queere Menschen, wenn die Wahl eines Wortes beeinflusst, wie deine Kommunikationspartner*innen die Wirklichkeit wahrnehmen?

Ein Superheld ist etwas anderes als ein super Held (2)

3. Führt die Methode »reziprokes Lesen« durch.

a) Schritt 1: Bildet 4er-Gruppen.

b) Schritt 2: Verteilt die Rollenkarten.

c) Schritt 3: Teilt das Kapitel »Sprache (S. 168–185) in Abschnitte ein (z.B. nach den jeweiligen Unterkapiteln).

d) Schritt 4: Lest den ersten Abschnitt und bearbeitet dazu die Anweisungen auf eurer Rollenkarte. Besprecht eure Ergebnisse in der Gruppe.

e) Tauscht eure Rollenkarten, lest den nächsten Abschnitt und bearbeitet die Anweisungen auf eurer neuen Rollenkarte. Besprecht eure Ergebnisse in der Gruppe.

f) Tauscht so lange die Rollenkarten, bis ihr alle Abschnitte gelesen habt. Besprecht eure Ergebnisse am Ende in der Klasse.

Reziprokes Lesen ist eine Unterrichtsmethode, bei der du eine bestimmte Rolle zugeteilt bekommst, um den Text besser zu verstehen und Interpretationen zu entwickeln. Je nach Rolle bist du vor allem zuständig fürs Fragenstellen, Zusammenfassen, Klären oder Vorhersagen. Dies fördert deine aktive Beteiligung und das interaktive Lernen im Unterricht.

Rollenkarte »Fragende*r«:
Lies den Abschnitt. Notiere drei mögliche Fragen zu dem Abschnitt.

Rollenkarte »Zusammenfassende*r«:
Lies den Abschnitt. Notiere drei wichtige Aussagen aus dem Abschnitt.

Rollenkarte »Klärende*r«:
Lies den Abschnitt. Notiere bis zu drei unklare Dinge aus dem Abschnitt.

Rollenkarte »Vorhersagende*r«:
Lies den Abschnitt. Notiere einen möglichen Fortgang des Abschnitts.

4. Formuliere folgende Wörter möglichst geschlechtsneutral um, wie es Linus im Kapitel »Sprache« macht (»Mensch mit Uterus« statt »Frau«).

- Frau
- Führerschein
- Hebamme
- Krankenschwester
- Lehrer
- Mama
- Mann
- Papa
- Studenten
- Jeder ist herzlich eingeladen!
- Sehr geehrte Damen und Herren!

Ein paar Worte zu unseren queeren Vorbildern

1. Führe ein Brainstorming durch und beantworte folgende Fragen:

a) Hast du eigene Vorbilder?

____

b) Was suchst du in diesen Vorbildern?

____

c) Was macht jemanden zu einem Vorbild?

____

d) Gibt es schlechte Vorbilder?

____

In einem Video nennt Becci von »Funk« einige ihrer Vorbilder. Dazu gehören auch fiktive Figuren. Ziehe dazu folgende Seite heran: www.funk.net/channel/okay-11953/5-vorbilder-fuer-die-lgbtq-community-die-du-kennen-solltest-okay-1660275 (Stand: September 2023).

2. Erkläre, warum folgende Personen wichtig für Linus sind.

Billy Porter | Chella Man | Cyrus Grace Dunham

3. Entwirf einen Brief an eines deiner Vorbilder, das dir in einer schwierigen Phase geholfen hat.

4. Verfasse einen kurzen Text, in dem du erklärst, warum queere Vorbilder dazu beitragen, die Lebensqualität von LSBTIQA+-Jugendlichen zu verbessern.

____

____

Ziehe dazu die Seiten 203 bis 209 heran.

Linus beklagt, dass es im deutschsprachigen Raum kaum queere Vorbilder gibt. Finde deutsche Persönlichkeiten, die aus der LSBTIQA+-Community kommen, und stelle sie in einem Steckbrief vor.

Keine mutige Entscheidung, sondern eine notwendige

1. Spekuliere, warum viele junge trans Menschen keine Worte dafür finden, wer sie sind.

2. Höre das Feature »Geschlechtsidentität – Ich bin doch kein Trend!« und bearbeite folgende Aufgaben:

Info

Ziehe dazu folgende Seite heran: www.deutschlandfunkkultur.de/geschlechtsidentitaet-trans-kinder-jugendliche-100.html (Stand: September 2023). Im Feature wird auch die Künstlerin FaulenzA erwähnt. In ihren Liedern spricht sie über ihr Leben als trans Frau in Deutschland. Höre dir zum Beispiel das Lied »Queere Gangster« an. Hier bekommst du einen sehr guten Eindruck von den Diskriminierungserfahrungen, die sie während ihrer Transition machen musste. Ihre Innensicht hilft dir dabei zu verstehen, dass es sich bei ihrer Identität um keinen Trend, sondern eine Realität handelt.

a) Definiere kurz den Begriff »Transnegativität« und schreibe auf, welche Folgen er für trans Menschen hat.

____

____

b) Nenne Beispiele, inwiefern die Eltern Claudia und Imran ihre Tochter Ella gut unterstützen.

____

____

c) Fasse zusammen, welche Sicht der Kinderpsychologe Thomas Lempp auf Rat suchende trans Kinder und Jugendliche hat und welche Unterstützungsangebote es für sie gibt.

____

____

3. Erkläre, welche Punkte laut Feature gegen trans als Trend sprechen.

4. Kommentiere folgende Aussage aus dem Feature:

> Geschlechtszugehörigkeit geht heutzutage über die binäre Vorstellung von »männlich« und »weiblich« hinaus. Die individuelle Geschlechtsidentität liegt vielmehr irgendwo auf der Strecke zwischen diesen beiden Polen.

für Profis

Recherchiere aktuelle Informationen zum »Selbstbestimmungsgesetz«. Achte dabei auf Unterschiede der Darstellung dieses Themas je nach Medium. Was sagen trans Menschen selbst zu diesem Gesetz?

Was ist eigentlich Mehrfachdiskriminierung?

Wie sich Diskriminierungserfahrungen auf mehrere miteinander verknüpfte Merkmale oder Identitäten einer Person beziehen können …

1. Schlage in einem Wörterbuch den Begriff »Diskriminierung« nach.

2. Umkreise in folgender Begriffe-Sammlung alle Formen von Diskriminierung, die du bei anderen beobachtet oder selbst erfahren hast.

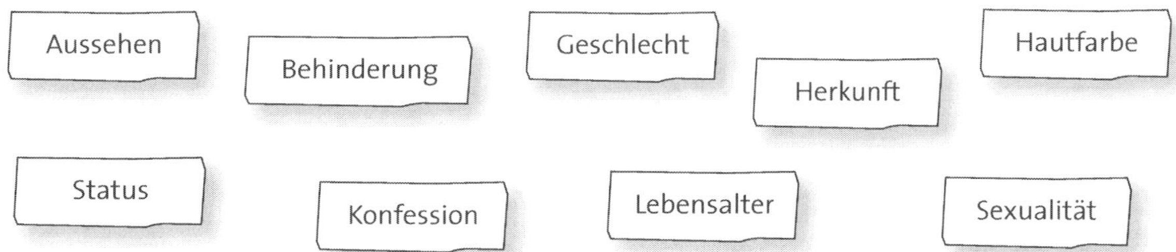

3. Lies das folgende Beispiel und erkläre, auf welche Arten Amina diskriminiert wird.

Amina ist 15 Jahre alt und geht in die 10. Klasse einer Realschule. Sie lebt mit ihrer alleinerziehenden Mutter in einer 40qm-Wohnung. Bis vor Kurzem musste sie noch so tun, als sei sie ein Junge, doch mittlerweile hat ihre Mutter sie als Mädchen akzeptiert. Jeden Morgen fährt sie 40 Minuten mit dem Bus zur Schule und muss daher sehr früh aufstehen. Ihre Mutter sieht sie selten, weil diese Schichtdienste hat und sich den Rest der Zeit auf dem Sofa ausruht. Amina hat nur wenige Freund*innen in der Schule, oft wird sie gehänselt und hat daher keinen Bock auf Schule.
Vor der heutigen Mathearbeit kommt ihr Mitschüler Gabriel auf sie zu: »Hey, du, Omar, reich mal das Blatt rüber! Ach, entschuldige, ich meinte natürlich Omar-linchen, oder?« Seine Sitznachbarin lacht. »Welches WC benutzt du eigentlich jetzt? Das für Jungs oder für Mädchen?« Amina schaut beschämt auf den Boden. Wie oft musste sie sich schon solche Bemerkungen anhören? Doch dann kontert sie: »Es reicht! Versteh endlich, dass das verletzt! Lass mich einfach in Frieden!« Die anderen in der Klasse hören alles mit.
Viele von ihnen fühlen sich schlecht, dass sie Amina seit Monaten geärgert haben. Eine Woche später, als Amina morgens in die Klasse kommt, traut sie ihren Augen nicht: Ihre Mitschüler*innen tragen alle das gleiche T-Shirt. Darauf steht in Großbuchstaben »We <3 Amina!«

Tipp

Es kann sein, dass eine Person nicht nur von einer, sondern von mehreren der oben genannten Diskriminierungsformen betroffen ist. Zum Beispiel kann eine Person mehrfach diskriminiert sein, weil sie lesbisch, Schwarz und eine Frau ist (Homofeindlichkeit, Rassismus, Sexismus).

für Profis

Gestalte ein Infoposter, auf dem du das Konzept Mehrfachdiskriminierung erläuterst.

1. Überlege dir zuerst, wen du mit dem Infoposter ansprechen und welche Botschaft du vermitteln möchtest.
2. Bestimme die Hauptelemente deines Infoposters, zum Beispiel Überschriften, Textabschnitte und Bilder.
3. Nutze aussagekräftige Grafiken oder Illustrationen, um deine Informationen visuell zu unterstützen.
4. Versuche, deine Informationen prägnant und verständlich zu vermitteln.

4. Sammle (in deiner Klasse, in deiner Schule) Ideen, wie man in diskriminierenden Situationen Verantwortung übernehmen kann.

Lösungsvorschläge

K.2

2. → u.3/Figuren, → u.4/Deutungsperspektiven

K.3

1. LSBTIQA+: Lesben, Schwule, Bisexuelle, trans Personen, inter Personen, queere Personen, Asexuelle und mehr
   Linker Keil (von links nach rechts):
   i (inter* Pride – lila Kreis),
   n (nicht-binäre, intergeschlechtliche und transitionierende Menschen – weiß),
   m (männlich – hellblau), w (weiblich – rosa),
   m (marginalisierte Communities – braun und schwarz)
   Rechte Seite (von oben nach unten):
   L (Leben – rot), H (Heilung – orange),
   S (Sonne – gelb), N (Natur – grün),
   H (Harmonie – blau), S (Spiritualität – lila)

2./3. vgl. queer-lexikon.net/glossar/ (Stand: September 2023)

4. Sprache ist im Wandel, nicht ungefragt Geschlecht zuweisen, umsichtig formulieren

K.4

1. Coming-out bei Facebook, Sorge vor Ablehnung, Coming-out kein einmaliger Prozess, inneres Coming-out nicht bereits als Kind, Reaktionen unterschiedlich
2. a) Offenheit, Neugier, vollkommene Akzeptanz
4. LSBTIQA+-Themen sichtbar machen, laut werden gegen Diskriminierung, Akzeptanzarbeit für sexuelle und geschlechtliche Vielfalt im Unterricht leben, Programme wie »Schule der Vielfalt« implementieren

K.5

1. b) soziale Stigmatisierung, erschwerte soziale Interaktion
2. a) Verwunderung über die Geschlechterzuschreibungen bei Kleidung, Geschmack sollte Priorität haben
3. b) Fragen nach Platz für das »Dazwischen«, alte Muster infrage stellen

K.6

1. nicht korrekt angesprochen werden, hervorgerufen durch bestimmte Körperteile, gynäkologische Untersuchungen
2. nicht alle trans Menschen empfinden Dysphorie, wird oft als Voraussetzung für trans Sein gesehen

K.7

2. Menschen fühlen sich gegängelt, haben Sorge, Individualität abgesprochen zu bekommen
4. Frau – Mensch mit Uterus, Führerschein – Fahrerlaubnis, Hebamme – Geburtshelfer*in, jeder – alle, Krankenschwester – Pflegekraft, Lehrer – Lehrperson, Mama – Elternteil, Mann – Person, Papa – Elternteil, sehr geehrte Damen und Herren – sehr geehrtes Publikum, Studenten – Studierende

K.8

2. Billy Porter bricht mit männlichen Rollenklischees, Chella Man ist bekannt für seine Sichtbarkeit als trans Mann, Cyrus Dunham zeigt Verletzlichkeit in Bezug auf das trans Sein
4. Sichtbarkeit, Normalisierung, Empowerment, politische und soziale Veränderung, deutschsprachige queere Vorbilder: Tarik Tesfu, Felicia Ewert, Phenix Kühnert, Seyda Kurt

K.9

1. Mangel an Aufklärung, Stigmatisierung, Familienreaktionen
2. Transnegativität: keine gute Sicht auf junge trans Menschen in der deutschen Medienlandschaft, fehlende Repräsentation, Abwertung geschlechtlicher Vielfalt = Transnegativität, Eltern: Kind immer ernst genommen, eigene Bedürfnisse außen vorgelassen, Kind Zeit gegeben, Kinderpsychologe: ernst zu nehmender Leidensdruck (z. B. erhöhte Suizidgefahr), lange Wartezeiten
3. der Weg ist immer noch schwierig, Pathologisierung

K.10

3. vielschichtige Diskriminierung (Geschlecht, soziale Klasse, Name nicht akzeptiert = deadnaming
4. Verantwortung übernehmen bei Transfeindlichkeit: aufmerksam sein, Witze unterlassen, Kritik annehmen, sich einmischen, das richtige Pronomen verwenden, Vorurteile hinterfragen, Grenzen respektieren, sich informieren; vgl. auch gladt.de/wp-content/uploads/2019/10/2019-Solidarität-macht-Stark.pdf (Stand: September 2023)